# 日本人が知らない 英語のニュアンス

JN066604

牧野髙吉

角川文庫
22612

## はじめに

　日本語と英語には、一対一の対応をなす単語があまり多くないというと、驚かれる方が少なくないかもしれません。

　例を挙げましょう。日本語で「手の指」といえば、5本（両手で10本）の指を指しますね。では、英語のfingerはどの指を指すのでしょうか？　「親指」を除く他の4本の指です。「親指」にはthumbという別の語があります。つまり、日本語の「指」と英語のfingerでは指し示す部分・対象が異なり、一対一の対応をなしていないのです。この例は、日本語よりも英語のほうが細分化されていて、日本語の単語と英語の単語にずれがあることを示しています。

　では、日本語の「ご飯」に相当する英語は何でしょうか？　riceですね。英語では、田に植えられていても、調理されて食卓に上っても、riceの一語で表されます。ところが、日本語では「籾」「稲」「米」「ご飯」と、その状態によって使い分けられます。「ご飯」でも、お茶碗に盛れば「ご飯」で、お皿に盛れば「ライス」、丼に

盛れば「メシ」と区別して使われることもあります。ここにも日本語と英語の単語にずれがあることがわかります。英語を学ぶ日本人は、これらのずれを克服する必要があります。

さらに、日本語にはかなり多くの「カタカナ語」があります。「カタカナ語」は外国語、特に英語が元になっているものが少なくありません。その多くは日本語の中で意味やニュアンスを変えて一人歩きしています。たとえば、試験での不正行為を日本語では「カンニング」と言いますが、これは英語の cunning からきた言葉と考えられます。ところが、cunning は「ずる賢い、抜け目ない」を意味し、この語に「不正行為」という意はありません。試験での「カンニング」に相当するのは cheating（インチキなどをして人をごまかすこと）です。

また、日本語の「モーニング・サーヴィス」は一人暮らしの社会人や大学生に人気がありますが、英語の morning service は教会での「朝の礼拝」を意味し、食べることはできません。「モーニング・サーヴィス」は英語で breakfast special と言います。

このように、日本語化している「カタカナ語」と「英語」とには、多くの場合、意味にずれがあります。「カタカナ語」の多くは何となく英語らしい感じがするので、

そのまま英語として使いがちです。しかし、実際には、英語とは意味が異なっている場合が多く、意思の疎通がうまくいかないばかりか、要らぬ誤解を生じることもあります。言い換えると、カタカナ語と英語とのずれも英語を使用する際の障壁となっています。英語を正しく使用するためには、これらのずれも克服しなければなりません。

　では、「色・動物・食べ物」のもつイメージやそれらを使った表現はどうでしょうか？　これらでも、日本語と英語では異なります。たとえば、「猥褻、エロっぽい」をイメージする色と言えば、日本人はすぐにピンク（古くは、桃色）を思い浮かべるでしょう。しかし、英米人は、この意味では、pink ではなく、blue を思い浮かべます。

　ところが、日本語と英語には上に挙げたようなずれがあるばかりでなく、表現も意味も同じもの、似ているものも少なくありません。たとえば、「壁に耳あり」は英語で Walls have ears. と、「コップの中の嵐」は a storm in a teacup と表現します。これらの例では、日本語と英語は驚くほど似ています。

　また、日本人も英米人も、物事を印象強く、かつわかりやすく表現するために比喩表現を使います。たとえば、

「朝飯前」は英語で何と表現するかご存じですか？　a piece of cake と表現します。ケーキ１切れなら、食後でお腹が一杯でも、何の苦もなく食べられます。ここから、a piece of cake が「いとも簡単な」の意で使われるようになったのです。では、a pie in the sky（空にあるパイ）はどういう意味でしょうか？　どんなに美味しそうに見えるパイでも空に浮かんでいては、手にとって食べることができず、所詮「絵に描いた餅」に過ぎません。ここから、「絵空事、儚い夢・望み、天国での幸福、夢のようなうまい話」を意味するようになったのです。

　本書の第１章では、「日本語と英語の単語のずれ」について、第２章では「カタカナ語と英語の意味のずれ」について、例を挙げながら解説します。第３章では、「色・動物・食べ物のイメージ」と、それらを使った面白い表現を紹介します。さらに第４章では、「意外と似ている英語と日本語」を、最後の第５章では、字面からは意味を想像しにくい「微妙に異なる日本語と英語の比喩表現」を紹介します。

　本書には、２つの目的があります。１つは、読んで楽しく、かつ英語の知識を身につけていただくことです。もう１つは、読者の方々が見落としがちな英語と日本語

のコトバの相違点と類似点を十分に理解し、英語を正しく使っていただく手助けをすることです。無駄と思われる雑学を楽しみ、かつ英語の正しい使い方を身につけていただきたいと思います。

　最後になりましたが、Tim Jerding 氏には、本書に挙げたすべての英文に目を通して、より自然な英語にしていただきました。また、株式会社 KADOKAWA 学芸ノンフィクション編集部の伊集院元郁氏は、本書の企画から、編集の細部に至るまで、素晴らしい編集手腕を発揮してくれました。お2人に、心から感謝の意を表します。


　　2021 年 3 月

　　　　　春遅き釧路の寓居にて

　　　　　　　　　　牧　野　髙　吉

## 第2章　カタカナ語と英語の意味のずれ ………… 89

デザイン／原田郁麻
イラスト／ユーヘイ

第1章

日本語と英語の
単語のずれ

多くの場合、日本語の単語と英語の単語を、数式のように完全なイコールで置き換えることはできません。

　たとえば、日本語の「客」は一語であらゆる種類の客を表すことができますが、英語では guest、visitor、customer、spectator、sightseer [tourist]、passenger、client、audience など、それぞれの目的や対象、状況によって異なる単語があてられます。逆に日本語には、これらに対応する特別な単語がなく、強いて言えば、「顧客」「観光客」「訪問客」「宿泊客」「乗客」などのように複合語を使って表現しなければなりません。このことは、日本語よりも英語のほうが細分化されていて、日本語と英語の単語にずれがあることを示しています。

　反対に、英語に対応する単語や表現がない日本語も少なくありません。たとえば「恋愛結婚」という表現です。直訳すると love marriage ですが、そもそも英米には「見合い」という概念がない、つまり文化的に「見合い結婚」（強いて訳せば、interview marriage）が存在しないので、「恋愛結婚」をわざわざ love marriage と表現すること自体、ナンセンスと言わざるを得ません。

　このように、意味のずれの大半は文化的な違いによっ

て生じるため、「外国語としての英語」を学習する際には、とても厄介です。本章では、日本語と英語で意味がずれている単語を紹介します。

# 「頭」と head

　日本では、観光バスのバスガイド (bus tour guide) は、バスが狭い通りや木々の枝が塀越しに車道に張り出している所を通る時に、「(危ないですから) 窓から顔を出さないでください」と注意を促すことがあります。これを英語にするとどうなるでしょうか？　Please don't put your face out of the window. でしょうか？　実は、英語では、

　Please don't put ［stick］your head out of the window.
と、head を使って表現します。日本語では「顔」ですが、英語では head が使われます。これは、英語の head のほうが日本語の「顔」よりも指し示す範囲が広いためです。一般に、日本語の「頭」は「顔」を除く頭髪 (hair) のある部分を指します。

　上の英語は、日本語の「窓から首を出さないように」にも相当します。なぜなら、英語の head は「首から上の部分全体」を指し、日本語の「首」をも含むからです。したがって、英語の face は head の一部ということになります。日本語では、「首から上の部分」は「頭」ではなく、「頭部」という別の語を使うこともあります。つ

まり、英語の head は日本語の「頭部」に相当するのです。

　このように、日本語の「頭」と英語の head にはずれがあることがわかります。

　面白いのは、日本語の「頭」を使った表現は、必ずしも head を使って表現できるとは限らないということです。たとえば、「頭を洗う」は wash one's hair です。「私は毎朝、頭を洗います」（＝私は、毎日、朝シャンします）は、

　　I wash my hair every morning.

と表現します。また、「頭を刈ってもらう」はどうでしょう？　これも head ではありません。この場合も、hair を使って、

　　I got［had］my hair cut yesterday.

　（昨日、頭を刈ってもらった）

と表現します。また、

　　Why don't you use your head a little more?

はどういう意味でしょうか？　これは、物理的に頭を使って「ドアを開ける」とか「釘を打つ」という意ではなく、「もっと（知的に）頭を使ったらどうなんだ？　もっと考えて行動しろ！」という意ですね。この head は「頭脳」のことで、ここでは英米人、日本人ともに同じ

発想をするのは面白いですね。もっとも、この場合、head のかわりに brain を使っても意味は変わりませんが……。You're a guy without any brain.（お前は頭が悪いな）などと言われませんように。

# 「行く」と go

　アメリカへ留学中のサトシ君は、あるアメリカ人家庭の2階に下宿していました。ある日、夕食の時間になり、下宿のおばさん (landlady) が、Satoshi, dinner is ready.（サトシ、夕食の準備できたわよ）と階下から声をかけてくれました。サトシ君、少しして降りて行くつもりでI'll go soon. と応えて階下へ降りると、下宿のおばさんはサトシ君の夕食を片づけてしまっていたそうです。なぜかわかりますか？　そう、go は「自分（や相手）がいる場所から離れて他の所へ行く」ことを意味するからです。つまり、go は、視点や方向に関わりなく、「出発の起点に重き」が置かれるのです。

　他方、come は「来る」という意味の延長で、（相手・対象の視点に立って）「話し手が相手のいる方向へ近づいて行く、話し手が行こうとしている場所へ行く」ことで、「到達点に重き」が置かれます。したがって、上の例でサトシ君は、

　I'll come soon.

と言うべきだったのです。サトシ君の英語は、下宿のおばさんに、「今すぐ出かけます」と受け取られたのです。

また、状況によっては go と come の両方が使われることもあります。たとえば、

Are you going / coming to the Christmas party?

という文を見てください。この going は、単にそのパーティに出席する意思があるか否かを尋ねる時に使われます。coming は通常、そのパーティが話し手の家で行われることを前提にして使われます。話し手の家ではなくとも、話し手が主催するパーティへ行く場合にも、「行きますか？」という意で coming が使われます。つまり、日本語の「行く」は必ずしも英語の go と一対一の対応をなしていないことがおわかりいただけると思います。

　「行く」にはまた get (to) もあります。この語は、元々「着く、到着する」という意ですが、ある地点から他の地点へ至る道筋、プロセス、さらには努力の結果に重きが置かれます。たとえば、

Could you tell me how to get to the railway station?

　（駅へ行く道［→行き方］を教えていただけませんか？）

のように使われます。get の後に場所を表す副詞を置く場合、to は不要です。

# 「椅子」と chair

　学校では、「椅子」イコール chair と教わります。と
ころが、必ずしもこの２つはイコールではなく、日本語
と英語では、形状により、示すものにずれがあります。
両方とも腰を下ろして座るための家具に違いはありませ
んが、英語の chair は「１人掛け用で背もたれのある椅
子」に限られます。背もたれのない椅子には stool（丸
椅子）、２人以上が座れる椅子には bench（長椅子・ベ
ンチ）とか sofa（ソファー）という語が使われます。

　日本語にはこれらの椅子に対応する特別な語がないの
で、区別する時は、「丸椅子」「長椅子」などと複合語で
表現します。ただし英語にも、椅子の仲間として、arm-
chair（肘掛け椅子）、rocking chair（揺り椅子）、easy
chair（安楽椅子）など、複合語として用いられるもの
もありますが。

　ちなみに、わたしたちが子どものころよく遊んだ「椅
子取りゲーム」は、musical chairs と表現します。

# 「絵」と picture

　英語の picture は、「絵」とか「写真、映画」など、通常、平面に何か像をうつしたり、表現したりしたものと教わります。ところが、picture は、目に見えるものばかりでなく、心に描かれるもの、つまり「(心に映る・描く) 心象、イメージ」をも意味します。たとえば、

I still don't have a clear picture of what you're talking about.

(君が話していること [について、はっきりしたイメージ] がまだよくわからないよ)

などと使われます。

　また、get the picture は「状況・事態などの大筋をつかむ、概略をつかむ、大筋を理解する」という意です。何かについて事情を説明して、「大体のみ込めた？」は、Get the picture? です。これは、

A: Got the picture of Dr. Brown's speech, Mary?

(メアリー、ブラウン先生のスピーチ、概要が理解できた？)

B: No, I haven't got it.　It was too difficult for me.

(いいや、私には難しすぎだわ)

のように使われます。

　このように、英語の picture は、日本語の「絵」と一対一の対応をなすのではなく、「写真、絵、心象、イメージ」など複数の語と対応するので、ずれがあることがわかります。

# 「描く」と draw / paint

　日本語の「描く」を意味する英語は draw です。ところが、英語には paint という語もあるため、この2つを混同している人が少なくないようです。

　この区別は簡単です。draw は鉛筆・ペン・クレヨンなどで描く場合で、paint は水性・油性を問わず絵の具で描く場合です。つまり、絵を描くために使用する画材の違いによります。

　ここから想像がつくと思いますが、用いる画材によって、描かれた「絵」もそれぞれ drawing と painting とに区別されます。ただし、picture は、これらを総称して使われることもあります。

　ちなみに、「かく」といえば一般に、絵だけでなく文字や文章などの言語的なものを「書く」ことも含まれます。日本語では「描く」と「書く」とは同じ音ですが、漢字で書くと意味が異なります。言うまでもなく、後者に対応する英語は write で、

　Take care. Write to me from Paris.
　（お元気で。パリから手紙ちょうだい）
などと使われます。

## 「教える」と teach

　学校では、teach は学校や講習会などで「知識・技術などを教える」ことだと教えられたことと思います。これは正しいことです。ところが、日本語の「教える」には、tell も show もあります。tell は「情報などを教える・伝える」という意です。ただし、「メルアド教えて（ください）」のつもりで、Please teach me your e-mail address. と言う日本人が少なくありません。ここでは、teach ではなく tell を使わなければなりません。この tell は、

　Could you tell me the way to the post office?
　（郵便局へ行く道を教えていただけませんか？）
などと使われます。この場合、

　Could you show me the way to the post office?
と show を使って表現することもできます。tell は「言葉で伝える」こと、show は「（道順などを）地図に描いて具体的に示したり、実際に案内したりする」ことを意味します。したがって、Please teach me your e-mail address. が正しくないことがおわかりいただけたと思います。

他の「教える」には、instruct「特定分野を体系的に教える」や give lessons (in)「音楽・習字・茶道など稽古ごとを教える」もあります。たとえば、

Ellen instructs children how to ski.

（エレンは子どもたちにスキーを教えています）

Would you please give my daughter piano lessons?

（娘にピアノ［の弾き方］を教えてくれませんか？）

Please let me know your new address.

（引っ越し先の住所を教えてください）

などと使われます。know も「教える」という意味で使えるのは驚きですね。

　このように、日本語では「教える」一語が、英語では複数の語を使って表現されます。日本語よりも英語のほうが細分化されていて、日本語と英語にずれがある好例と言えます。

# 「貸す」と lend

　日本語で「貸す」というと、すぐに lend を思い浮かべる人が多いと思います。ところが、英語では有料か無料かによって表現が異なります。つまり、日本語の「貸す」と英語の lend とにはずれがあるのです。

　英語の lend は「移動できる物を一定期間、無料で貸す」を意味します。したがって、アパートや別荘、トイレなどの移動できないものには使えません。たとえば、「（固定）電話を貸してください」は、Please lend me your telephone. ではなく、

Please let me use your telephone.
と use を使います。固定電話は移動できないからです。《米》では loan も lend とほぼ同じ意味で使用されますが、loan は一般に、鉛筆やペンなど小さく安い物を貸す場合には使われません。

　また、lend［loan］には「金銭を貸す」という意もありますが、金銭を貸す場合には、利息を取る場合も取らない場合もあります。「友だちや家族に車を貸す（もちろん、無料で）」は lend a car です。ネイティブ・スピーカーの中には、物を貸す場合に、loan を使うことを

嫌う人もいます。

　他方、rent (out) は、「物・車・不動産などを一定期間（比較的短期間）、有料で貸す」という意です（アパートや家屋の場合は、申し出がない限り、契約が月・年ごとに自動更新されますが）。したがって、レンタカー会社が車を貸すのは有料なので、rent a car となります。ただし、この rent という動詞は、有料の場合は、「貸す」の意でも「借りる」の意でも使われます。この混乱を避けるために、「貸（し出）す」場合、一般には out をつけて rent out と表現するネイティブが多いようです。《英》では、

　He hires out boats in summer.

　（彼は夏になるとボートを貸し出すよ）

などと、hire (out) が使われます。

# 「風」と wind

　日本語の「風」は、「涼しい風、心地よい風、寒い風、生暖かい風」のように快適な風にも不快な風にも使われます。このように、日本語では、「微風」や「そよ風」はあくまでも「風」の一種です。

　ところが、英語の wind は「風」を指す一般語ですが、多くの場合、不快な風にのみ使われます。日本語の「風」とは一対一の対応をなしていません。たとえば、

　　It's windy.（風が強く吹いている）

　　The wind turned my umbrella inside out.

　　（風で傘がおちょこになった）

などと使われ、日本の風より「強い風」という印象が強いようです。したがって、「心地よい風、微風」、つまり「そよ風」に対しては、breeze という別の語が使われます。このように、日本語の「風」と英語の wind にはずれがあります。

　余談ですが、「～を風の便りに聞いた」は、何と表現するでしょうか？　A little bird told me (that) ~. です。直訳すると、「小鳥が～と言った」です。出典は、『旧約聖書』の「伝道の書 (Ecclesiastes)」（10:20）にある

「鳥は噂を広めるから悪口を言ってはならない」という
趣旨の教えからとされていますが、英語圏には古くから、
鳥は言葉を理解して、人間に情報を伝えてくれるという
迷信があるといいます。たとえば、

　A: How did you know I got engaged?

　（私が婚約したって、どうして分かったの？）

　B: Oh, a little bird told me.

　（風の噂に聞いたの）

などと使われます。

# 「借りる」と borrow / rent

　日本語では、「お手洗いを借りる」も「レンタカーを借りる」「図書館から本を借りる」「友だちからお金を借りる」も同じ「借りる」で用が足ります。英語では、借りる物によって、それぞれ異なる動詞を使います。

　知人のお宅にお邪魔して、「ちょっとお手洗い（トイレ）をお借りしていいですか？」は、何と言いますか？ May I borrow your bathroom? と言うと、驚かれるか怪訝な顔をされることでしょう。日本語では「借りる」ですが、この場合、英語では borrow ではなく、use を使って、

　　May I use your bathroom?
と表現すべきです。

　use は「（移動できない物を）無料で借りて、その場で使用する」という意です。では、この場合、borrow はなぜ使えないのでしょうか？　なぜなら、borrow は「（移動できる物を）無料で借りて、別の場所で使用する」を意味するからです。たとえば、

　　How many days can I borrow books for from this library?

（この図書館では本を何日間借りられますか？）
などと使われます。

　　これら 2 つの動詞はいずれも「無料で借りる」ですが、
ポイントは、use が「その場で使用する」、borrow が
「別の場所で使用する」を意味することです。

　　では、有料の場合は？　「ケイトは、先週、（ビデオ店
から）CD を 3 枚借りた」は、rent を使って、

　　Kate rented three CDs last week.

と表現します。ただし、この rent には、「物・不動産な
どを一定期間、有料で貸す」という意もあります。つま
り、この動詞は、有料の場合は、「貸す」ばかりでなく
「借りる」をも意味します。たとえば、

　　My aunt rents out two rooms to the young teacher.

　　（叔母は、その若い教師に 2 部屋貸している）

と、rent に out を付けると、「貸（し出）す」となり、
「借りる」と区別することができます。

「借りる」には、hire という動詞もあります。「（金を払
って、一時的に）物を借りる」という意で、

　　John and I hired a limousine at the airport.

　　（ジョンと僕は飛行場でリムジンを借りた）

などと使われます。さらに、lease という動詞は「（不動
産などを）契約を交わして賃借りする」を意味します。

We lease five computers from that company.

（うちの会社では、あの会社からコンピュータを5台
借りている）

などと使われます。

# 「川」と river

　日本語では、大きい川も小さい川も、「川」一語で済みます。もっとも、小さな川には、「小」を付けて「小川」と表現することもありますが。一方、英語の river は一般に、比較的大きな川を指します。複数の小さな川から集まった水が海や湖へ直接流れ込む川のことです。「小川、小さな川」は small river でも通じますが、英語では一般にそれぞれ stream、brook と表現します。厳密には、stream は river より小さく、brook は stream よりも小さい川を指します。したがって、「この川を飛び越えられると思う？」を、

　Do you think we can jump across this stream?
とは言えますが、ここで river を使えないことがおわかりいただけると思います。

## 「着ている」と wear

　英語の wear は「一定期間身につけている」ことが原義ですが、それに対応する日本語は身につける対象物（衣服・メガネ・帽子・ベルト・靴・化粧品・アクセサリー・カツラなど）によって表現が異なります。以下に例をいくつか挙げましょう。

　　wear a coat / a sweater　コート・セーターを着ている
　　wear glasses　メガネを掛けている
　　wear trousers / shoes　ズボン・靴をはいている
　　wear a hat　帽子を被っている
　　wear a ring　指輪をはめている
　　wear a watch / earrings　腕時計・イヤリングをしている（付けている）
　　wear a scarf　スカーフを巻いている
　　wear a tie / a belt　ネクタイ・ベルトを締めている
　　wear a flower　花を挿している（付けている）
　　wear a shawl / a stole　ショール・ストールを羽織っている
　　wear a wig　カツラを被っている（付けている）

さらに、香水や化粧、ひげ、表情などにも使えます。

wear perfume　香水をつけている

wear makeup　化粧をしている

wear a mustache　口ひげをはやしている

wear a smile　笑みを浮かべている

などです。

　これらは、「身につける」という動作を表すフレーズ put on でも同じです。反対の take off は put on ほど細分化されていませんが、日本語の「脱ぐ」のほか「はずす、取る、（化粧などを）落とす」などと対応しています。

# 「客」と guest

日本語では「客」一語で、あらゆる種類の客を表しますが、英語では目的、状況・場面によっていろいろな語が使われます。これは、日本語と英語に大きなずれがある典型的な例です。

　guest　一般には、招待されて接待を受けたり、一定期間滞在したりする客。（家庭への）「招待客」のほか、（ホテルなどの）「宿泊客」や（ラジオ・テレビ番組への）「特別出演者・ゲスト」をも含みます。

　visitor　商用・観光などで訪れる「訪問客・見物客」。ただし、「来客」の意では company も使われます（この場合、company は常に単数形、無冠詞）。

　caller　ちょっと顔を出したりする「短時間の訪問客」
　customer　商店などで商品を買う「得意客・顧客」
　client　弁護士や会計士など専門職の「客」
　passenger　バス・列車・飛行機の「乗客」
　spectator　スポーツ・催し物の「観客」
　audience　コンサート・劇などの「一般聴衆や観衆」

tourist / sightseer 「観光客」

onlooker 大道芸人などを囲むような「見物人」


　ちなみに、「お客様は神様です」は、The customer is the king. でも通じますが、

　The customer is always right.
のほうが一般的です。

# 「兄弟」と brother

　学校で、「兄弟」は brother、「姉妹」は sister と習いました。さらに、日本語では「兄」「弟」「姉」「妹」の長・幼をそれぞれ一語で表せますが、英語にはこれらに相当する語が存在しないということも。なぜかというと、英語圏は、日本と異なり、長・幼を区別する必要がない文化だからです。ただ、強いて「兄」と「弟」を区別したい時は、

　Steve is my elder brother.
（スティーブは兄です）

などと、elder とか younger の形容詞を使用しなければなりません。

　また、Steve and I are brothers. を「スティーブと僕は兄弟です」と訳しても、何ら問題がありません。ただし、

　Bill is my brother.

　My brother is a high school teacher.

では、多少、事情が異なります。この場合の brother を「兄弟」と訳しても、日本語として今一つしっくりきません。上の文は、「ビルは兄（あるいは弟）です」とか「兄（あるいは弟）は高校教師です」と訳すと、日本語

らしい日本語になります。が、「兄・弟」をはっきり区別できません。このことは、もちろん sister にも当てはまります。

　また、

How many brothers and sisters do you have?

の直訳は、（兄弟姉妹は何人いますか？）ですが、「きょうだいは何人ですか？」が日本語らしい表現ですね。「兄弟姉妹」ではやはり、日本語としては一般的ではありません。日本語では、「兄弟は何人ですか？」と表現しても、暗に「姉妹」の数も含まれていると考えられるからです。

　ちなみに、日本語では兄に向かって「（お）兄さん」とか、姉に向かって「まり子姉さん」などと呼びかけますが、英語圏では一般に、「兄」「姉」に限らず「兄弟姉妹」すべてに、Steve! とか Doug!、Betty!、Susan! などと first name で呼びかけます。さらに、日本語の「お兄さん！」「お姉さん！」を英語で (Elder) Brother! とか (Elder) Sister! と呼びかけることもありません。

　ここでクイズを１つ。「私は３人兄弟です」を英語では何と表現しますか？　I have three brothers. は、「兄弟が３人います」という意ですから、自分自身を含めて「４人兄弟」になってしまいます。「私は３人兄弟です」

は、「きょうだいが（自分以外に）2人いる」という意
ですので、正解は、

   I have two brothers.

です。もちろん、2人とも女性の場合は、

   I have two sisters.

です。兄（あるいは、弟）が1人と姉（あるいは、妹）
が1人ずつの場合は、

   I have one brother and one sister.

と表現します。

## 「唇」と lip

　日本語の「唇」が英語では lip(s) であることに異議を
唱える人はいないでしょう。一般には、

The girl put her finger to her lips.

　（少女は唇に指を当てた）

のように使われます。ところが、英語では、

My aunt has hair on her upper lip.

　（叔母ったら、上唇のまわりに髭が生えているのよ）

にも lip が使われます。この場合の lip は「唇」そのも
のではなく、唇の周辺と考えられます。この例から、日
本語の「唇」と英語の lip とでは、指し示す範囲が異な
り、ずれがあることがわかります。つまり、英語の lip
は「唇」ばかりでなく、唇の周辺の部分、特に「鼻の
下」をもカヴァーします。

## 「首」と neck

　日本語の「首」は英語では neck ですが、全く同じではありません。たとえば、「彼女は首を横に振った」は、
　She shook her head.
と表現します。このように、日本語の「首」は、英語では head を使って表すことがあります。英語の neck は「首」そのものよりも、頭部と胴体の中間の部分を指すことがあるからです。というのは、上の「首を横に振る」のほか、「首を縦に振る、首をかしげる」などの「首」の場合も、
　My mother wouldn't nod her head no matter how hard I asked.
　（僕がいくら頼んでも、母は首を縦に振らなかった）
　Many Japanese tilt their heads when they don't understand others.
　（多くの日本人は他の人の言うことを理解できない時に首をかしげる）
と、head が使われ、neck は使われません。このように、「首」と neck には大きなずれがあります。
　日本語の「首」を使った比喩としては、「お前は首

だ」「私は首になった」などがあります。英語ではそれ
ぞれ、

　　You're fired.

　　I got fired. / I got the sack.

などと表現します。

　　さらに、比喩で面白いのは、日本語の「首が回らな
い」に英語では、ears が使われることです。「叔父は借
金で首が回らない」は

　　My uncle is up to his ears.

と表現するのです。この英語は、「（水が）耳のところま
で（耳のすぐ下まで）きている」が原義で、「身動きが
取れない」という感じを表します。

# 「車」と car

　日本語の「車」と英語の car を考えてみましょう。日本語の「車」にはふつう、自家用車やバス、トラック、タンクローリー、ジープなど、あらゆる種類の車が含まれます。また、更に広い意味では、リヤカー、一輪車、荷車や人力車など車輪で動くものにも「車」を使って表すことがあります。

　一方、英語の car は「乗用車」のみならず、列車の車両、エレベーターの箱、飛行船や気球、ロープウェーのゴンドラなどにも用いられます。ただし、日本語の「車」と違い、バス、トラック、タクシーは car に属さず、これらには、それぞれ別の語があてられます。もっとも、英語では、「自動車」を総称して、motor vehicle と言います。vehicle は、特に陸上の乗り物や輸送機関を指します。このように、日本語の「車」と英語の car にはかなり大きなずれがあることが、おわかりになると思います。

## 「腰」と hip

　日本語の「腰」に対応する英単語が存在しないというと、不思議に思われる方が多いと思います。実は、「腰」を表す英語に、waist、hip、back の 3 つの単語があります。waist は胴のくびれた部分（肋骨と hip に挟まれた細くなった部分）を指します。ところが、日本語の「腰」は waist のみならず、その下の部分をも指します。日本語の「腰」を強いて英語にすると、lower back（腰を中心とする背中の下部）です。

　さらに、英語の hip は、日本語の「ヒップ、尻」とは異なり、脚部の付け根と waist の間の左右に張り出した部分の片方を指します。つまり、日本語の「腰」は hips、waist、back の下部 (lower back) までをカヴァーするのです。

　「腰」を英訳する時には文の意味をよく考える必要があります。たとえば、「腰が痛い・腰痛である」を、I have a backache. と言っても、背中のどの部分（「背中」なのか「腰」なのか）が痛いのか明確ではありません。したがって、日本語での「腰が痛い」は、

　　I have a lower backache.

48

と表現する必要があります。さらに、「彼女は腰が細い」は、

    She has a slender waist.

が適切です。「父は両手を腰に当てて（戸口に）立っていた」は、

    My father was standing (at the door) with his hands on
    his hips.

と、hip を使って表現します。

　ちなみに、英語の buttocks は日本語の「尻」とほぼ同じ部分を指します。《口語》では an ass とか a bottom、a behind がよく使われます。

# 「米」と rice

　英語の rice が「米」であることは、どなたもご存じのことと思います。ところが、この rice は、日本語では、その状態によって、「籾」(unhulled rice)、「稲」「米」「ご飯」と呼び名が異なります。1つの英単語が、複数の日本語の単語に対応する典型的な例です。

　さらに、日本人の主食は依然として、「お米」、つまり「ご飯」（炊いた米）です。この「ご飯」も、英語ではやはり (boiled) rice です。ところが、この炊いた rice も、茶碗に盛ると「ご飯」、お皿に盛ると「ライス」、丼に盛ると「メシ」と言われることもあり、盛りつける器によって呼び名が異なるのは面白いことです。通訳する時は、とても神経を使います。また、日本語の「ご飯」は、「お米のご飯」ばかりでなく、「食事」を指すこともあり、文脈によって rice か meal（つまり、breakfast、lunch、supper）かに使い分ける必要もあります。

# 「車庫」と garage

　英語で garage と聞くとすぐに「ガレージ」、つまり「車庫」を思い浮かべる方が多いと思います。しかし、garage には「ガレージ、車庫」のほかに「自動車の修理工場」という意もあります。

　A: Mike, where is your car?

　（マイク、君の車はどこ？）

　B: Oh, my car is in the garage.

　（うん、いま修理に出してるんだよ）

などと使われます。

　また、イギリスでは、garage が「ガソリン・スタンド」(gas(oline) station) を兼ねているところも少なくありません。したがって、ガソリン・スタンドが garage と呼ばれることもあります。ちなみに、garage の発音は「ガレージ」ではなく、「ガラージ」に近いことも覚えておきましょう。

　余談ですが、アメリカではよく garage sale「ガレージ・セール」が開かれます。土曜日や日曜日に、自分のガレージ（車庫）や庭先で不要品や中古品を販売します。一種の「蚤（ノミ）の市」(flea market) です。

We're having a garage sale this weekend.　　Why don't you stop by?　（今週末、ガレージ・セールを開くので、来てみない？）

などと使われます。

# 「人口」と population

　英語の population は特定の国・地域に住む「人口、全住民」を指します。が、population は日本語の「人口」よりも、適用範囲が広いようです。

　population という語は、地域とは関係なく特定の社会的階層・職業層・年齢層にも使用されます。たとえば、

What's the French-speaking population of Canada?

（カナダにはフランス語を話す人々がどの位いますか？）

The aging population is still concerned about these kinds of songs.

（高齢者は未だにこの種の歌に関心が高いです）

などと使われます。

　さらに、日本語の「人口」は人に限られますが、英語の population は人に限らず、

The research team did research on the brown bear population in Hokkaido.

（研究チームは北海道のヒグマの個体数を調査した）

などと動物にも範囲が及びます。この点でも、日本語と英語にはずれがあります。

## 「スマートな」と smart

　日本では、細身のことを「スマート」と言うので、「彼女って、スマートね」を意味して、英語で She is smart. と言いがちです。ところが、英語の smart には、「体つきがスマートな、スタイルがいい」という意はありません。この smart という語は、「頭がいい、利口な、賢い、抜け目ない」を意味します。したがって、「細身の、ほっそりした」という意で smart を使うことはできません。実際、この世には、「太っているけどスマートな人」もたくさんいますよね。

　では、日本語の「スマートな、細身の、スラッとした」に相当する英語は？　slim とか slender です。たとえば、「最近、彼女、スマートになったね」は、

　Recently, she's gotten slim.

　She's slimmed down recently.

などと表現します。また、「姉は背が高くすらりとしていたのよ」は、

　My sister used to be tall and slender.

と表現します。「スマート」と smart は、日本語と英語で意味にずれのある典型的な例です。

# 「背（中）」と back

　日本語の「背中」が英語では back であることはどなたもご存じのことと思います。ところが、「背中」は首から腰までを指すのに対して、back は首からお尻のあたりまでで、back のほうがカヴァーする範囲が広いのです。つまり、英語の back は日本語の「腰」と「尻」の両方を含むので、ここにも日本語と英語にずれがあります。たとえば、「父は腰痛持ちなんです」は、

　My father has a lower backache.
と表現する必要があります。

　ちなみに、日本語では「背中」の一部とされている肩甲骨（shoulder blade / scapula: ただし、後者は専門用語）は、英語では「肩」(shoulder) の一部とみなされます。言語によって指し示す部分（部位）が異なる例です。

# 「手」と hand / arm

　多くの日本人は、「手」と hand は同じ部分を指すと考えているようです。ところが、日本語の「手」は肩から指先までを指し、英語の hand は手首から先の部分のみを指します。というのは、「彼女が大きな箱を両手で抱えているのを見たよ」は、英語では、

I saw her carrying a big box in both arms.

と、arms を使って表現します。したがって、この日本文を、hand(s) を使って表現することはできません。つまり、日本語での「抱える」は、手ではなく「腕」だからです。反対に、上の英文を「彼女が大きな箱を両腕に抱えているのを見たよ」と訳しても、こなれた日本語とは言えません。

　同じく、「両手を広げて」にも hands を使わず、arms を使います。たとえば、「叔母は両手を広げて迎えてくれた」は、

My aunt welcomed me with open arms.

と表現します。このように、日本語の「腕」は肩から手首までの部分を指しますが、英語の hand の部分は含まれません。

また、日本語の「腕」を意味する英語の arm は、shoulder から hand までの部分を（時に hand をも）指し、「手」と訳したほうがよい場合が少なくないようです。

　さらに、英語では、「腕を磨く、腕前」などと、比喩として腕を「技術、能力」の意で用いることはありません。たとえば、

　He has to refine his skill as a cook.

　（彼は料理人としての腕を磨かなければならない）

　His cooking skills are almost as good as a pro.

　（彼の料理の腕前はだいぶプロに近づいてきたな）

などと skill を使って表現します。

## 「手袋」と glove

　日本語の「手袋」を英語でなんと言うでしょう？　と問うと、多くの日本人は glove ( = a pair of gloves)「グローブ」と答えます。部分的には、正解です。部分的にというのは、厳密には、glove は 5 本指に分かれている「手袋」を指すからです。

　ところが、親指だけが離れた二股の、手を保護する分厚い「手袋」もあります。これは mitten「ミトン」、あるいは mitt「ミット」と呼ばれます。北海道や東北などの寒冷地では、寒さから手を守る例の「ぼっこ」と呼ばれる「手袋」です。もちろん、野球のキャッチャーやボクシングの練習で使用する時、パンチを受ける側が付けるのも「ミット」です。

「手袋」と glove は同じものではない、ということがおわかりいただけるでしょう。

# 「時計」と watch / clock

　英語では、腕時計、懐中時計など携帯用のものは
watch と呼びます。

I don't wear a (wrist) watch on principle.
は、「私は腕時計をしない主義でね」という意です。ま
た、

We don't see people who have pocket watches recently.
は、「最近は懐中時計を持っている人を見かけません
ね」を意味します。

　一方、置時計や掛け時計、柱時計は clock と呼びます。
つまり、clock は携帯用でない時計を指し、

I set my alarm clock for six.
（目覚まし時計を6時に合わせた）

This grandfather clock keeps perfect time.
（この大きな振り子時計は一秒の狂いもなく時を刻む）
などと使われます。

　日本語では、腕時計も柱時計も「時計」一語で表しま
すが、英語では用いる（置かれる）場所によって watch
と clock を使い分けます。

# 「独身」と bachelor / spinster

　日本語の「独身」という語は男女ともに用いられますが、英語では「独身男性」と「独身女性」を区別します。「独身男性」は bachelor と呼ばれ、時に離婚した独身男性も含まれます。「独身女性」は spinster で、これは通例、（自活している 20 〜 30 歳代の）「未婚女性」を指します。bachelor girl［woman］と呼ぶこともあります。ただし、今日では、男女いずれにも、single または unmarried が用いられるようになり、a single［an unmarried］man / woman が一般的になりました。

　面白いことに、bachelor には、「（繁殖期に）相手のいないオットセイの雄」や「（他の騎士に従う）若い騎士」という意もあります。さらに、「学士（号）」という意もあります。かつては大学で学んで学士（号）を取得するのは男性に限られていたのです。こう見てくると、bachelor はいずれも「男性・雄」が根源にあるようです。ただし、現代では、女性も大学へ進学して、学士号を取得するので、bachelor という語は女性にも使われるようになりました。時代の変化、社会状況の変化により、言葉も変化する好例と言えます。

# 「にわか雨」と shower

　急に降り出す「にわか雨」は英語では shower と表現します。実は、この shower、短時間に降る雨だけでなく、雪や霰、霙が降る時にも用いられます。つまり、「にわか雨、夕立」のみならず、「にわか雪」などにも使われる単語で、日本語と英語にずれがあります。もっとも、「にわか雪」の場合は a snow shower と言うこともありますが。

　ここで問題なのは、日本語の「にわか雨」は、空が一転かき曇り、急に雨が「降り出す時点」に焦点が当てられますが、英語の shower は「降り続く時間の長さ」（もちろん、短い時間ですが）に焦点が当てられることです。

　さらに、英語の shower は、比喩で「（手紙などの）雨、（手紙など）たくさん・どっと来るもの」という意でも使われます。ここから、a shower of ~ は「（涙・弾丸などの）雨、多量の～」を意味するようになりました。たとえば、a shower of kisses「キスの雨」とか a shower of presents「たくさんの贈り物」などと使われます。

　他に shower を使った表現には、a bridal shower《米》

「近々結婚する女性を祝福して、女性の友人がお祝いの品を贈るために開くパーティ」や、a baby shower「出産を控えた女性を祝福して赤ちゃん用品などを贈るパーティ」などがあります。これらの shower も「（お祝いの品などを）浴びせる」ことから生まれたもので、日本語にはない意味です。

## 「飲む」と drink

　日本語の「飲む」に相当する英語は drink だけではありません。これは、日本語と英語にずれが見られる好例といえるでしょう。drink は口から体内に入れる対象が「液体」に限られるのに対して、日本語の「飲む」は口に入れたものを噛まずに体内に送り込むことで、対象は液体とは限りません。

　では、「スープを飲む」は？　英語では同じスープでも、カップに直接口をつけて飲むようなスープ（つまり、コンソメ・スープなど）には、drink を使って drink soup と表現しますが、スプーンを使って一口ずつ噛むようにして飲むスープ（すなわち、チキン・スープ、野菜スープなど）は、drink ではなく eat を使います。

　さらに、同じ「飲む」でも、薬の場合はどうでしょうか？　たとえば、「この薬を一日に３度飲まなければならない」は、

I have to take this medicine three times a day.

と表現し、take を使います。もちろん、液体の薬（水薬）には drink を使います。また、「酒を飲む」には drink を使いますが、「タバコをのむ」（つまり、「タバ

コを吸う」）は、smoke です。したがって、「私は酒も
タバコものみません」は、

    I neither drink nor smoke.

となります。ただし、「君の要求は呑めないよ」では、

    I can't accept your demands.

と accept を使います。

    このように、日本語では「のむ」一語で済むところが、
英語では対象（物）によって異なる動詞が使われるのは
面白いですね。英語学習の難しい点です。

## 「乗る」と ride

　日本語の「乗る」は一見、英語の ride と対応するように思われがちですが、英語では乗る対象によって異なる動詞が使われ、ここでも日本語と英語にずれが見られます。

　日本語の「乗る」は「自動車」に限らず、列車、飛行機、船、自転車、ジェット・コースター、ブランコ、竹馬など、あらゆる種類の「乗り物」に使われます。他方、英語の ride は馬などの動物や、自転車、オートバイなど、またがったり、自分で操作したりする乗り物を対象にします。ただし、ride in a car とか ride on a train などと、in や on などの前置詞を使うと、自分で操作せず、乗客として乗るという意になります。

　また、日本語の「乗る」は「（乗り物に）乗り込む」場合にも使われますが、ride は「（どこかへ）乗って行く、（よそへ）運ばれて行く」という移動を表します。さらに、英語では、get on a horse「馬に乗る」とか get in a taxi「タクシーに乗る」のように get が使われることもあります。

　ご存じのように、（自動）車を自分で操作して「乗

る」（つまり、運転する）場合には、drive という動詞が使われます。たとえば、

I have driven this car for fifteen years.

（もう 15 年もこの車に乗っています）

などと表現します。このように、英語では「乗る」対象や「乗る方法」によって、異なる動詞が使われ、「乗る」イコール ride ではないことがおわかりのことと思います。

さらに、面白いことに、次の例のように、日本語の「乗る」を ride も drive も使わずに表現することもあります。

Hurry up or you'll miss the train.

（急いで、でないと電車に乗り遅れるわよ）

## 「恥ずかしい」と shy

　日本は「恥の文化」とよく言われます。日本語の「恥ずかしい」に相当する英語には、be ashamed のほか、be embarrassed と shy があります。

　では、これらはどのように異なるのでしょうか？ be ashamed は「（罪悪感などから）～したことが恥ずかしい」という意です。試験で不正行為をしたり、妻に不貞を働いたりなど、道徳的、倫理的な罪悪感から「自らを恥じる」ことで、「（自分の目から見て）恥ずかしい行為」について使われます。たとえば、

　I'm ashamed of having told a lie.

　（嘘をついて恥ずかしく思っています）

などと使われます。

　ところが、他の人に対して「気恥ずかしい」、つまり「照れくさい、きまりが悪い、バツが悪い」を意味するのは、be embarrassed です。雪道で滑って転んだり、人前でオナラをしたりした時などです。たとえば、

　She was embarrassed by her husband's misbehavior at the party.

　（彼女はパーティでの夫の行儀の悪さに恥ずかしい思

いをした）

などと使われます。

　さらに、shy は性格的に「恥ずかしがり屋（の）」、つまり「（内気・引っ込み思案で）照れ臭い」ことを意味します。

　I was too shy to ask for a date, when I was a high school
　　student.

　（高校生の頃は、とても恥ずかしがり屋だったので、
　　デートを申し込む勇気がなかったよ）

などと使われます。

# 「髭」と mustache / beard / whisker

　日本語ではどこに生えているヒゲでも「髭」と表現します。もちろん、それぞれのヒゲを区別する場合には、一般に「口髭」「顎髭」「頬髭」と複合語で表現します。

　ところが、英語では生えている部位によって、mustache、beard、whisker と、それぞれ異なる単語を用います。mustache は口のまわりに生える「口髭」のことで、beard は顎に生える「顎髭」のことです。whisker は頬に生える「頬髭」を指します。頬髭は両頬に生えるので、通常、whiskers と複数形にします。したがって、「おじいちゃんは頬髭を生やしている」は、

　My grandfather grows［wears］whiskers.

と表現します。また、もみあげを長く伸ばした頬髭は side burns と呼ばれます。

## 「勉強する」と study / learn

　多くの和英辞典は、「勉強する」に study と learn という 2 つの単語を載せていますので、この 2 つを同義語と捉えている日本人が少なくないようです。ところが、これら 2 つの語には大きな違いがあります。

　study という語は、ある知識を得るために「努力して何かを勉強する、研究する、調べる」ことで、「学ぶ行為とプロセス」に重点が置かれます。たとえば、

　I studied American history at college.

　（大学ではアメリカ史を勉強しました）

　My husband is studying the time table.

　（夫はいま時間表［で時間］を調べています）

などと使われます。努力してもそれが身についたかどうかは問題ではなく、その「結果」は問われません。

　ところが、learn は「習得する、授業や練習などで受動的に学ぶ、何かを知る」ことで、「学んだ結果・成果」に重点が置かれます。したがって、I learned English last night. と言うと、ネイティブ・スピーカーはビックリ仰天することでしょう。というのは、英語は一晩ではマスターできないからです。learn は、

My brother wants to learn how to ride a motorbike.
（弟はオートバイの乗り方を学びたがっている）

のように使われます。また、learn には「習う」のほか、
「自動的に学ぶ、自然に覚える」という意もあります。
ご存じのように、幼児は親に教えられなくても言葉を覚
えます。

My boy is learning to talk.
（うちの子、話せるようになったのよ）

のように使われ、この場合、learn の代わりに study を
使うことはできません。

　また、「勉強する」には work が使われることもあり
ます。特に学校で授業を受けたり、科目を履修して勉強
したりするほか、試験に合格するためや、資格を取るた
めに勉強することを意味します。「勉強する」を意味す
る語にもイロイロあり、日本語と英語には大きなずれが
あります。このことをしっかり study、いや learn しま
しょう。

# 「帽子」と cap / hat

　日本語の「帽子」は、この語一語で用が足りますが、英語では「つば」があるかないかによって、2つの語を使い分けます。cap は一般に「つばのない帽子」を指します。

　cap を使ったものには、shower cap（シャワー・キャップ）、swimming cap（水泳帽）、nurse's cap（看護師の制帽、ナース・キャップ）などがあります。前に少しだけつばのあるものも cap と呼ばれます。たとえば、「野球帽」は前に少しだけつばがあるので baseball cap です。

　他方、hat は「つばの付いている帽子」を指します。「麦わら帽子」にはつばがあるので、straw hat と呼ばれます。また、hat には、hard-hat（建築現場などでかぶるつばのあるヘルメット、つまり「保安帽」）、derby hat「山高帽」や cowboy hat「カウボーイ・ハット」などがあります。

## 「水」と water

　日本語の水には「冷たい」というイメージがあります
が、英語の water は必ずしも冷たいとは限りません。な
ぜならば、英語の water には「温度（感）」がなく、単
に無色透明で無臭の液体だからです。日本語では、温度
によって「水」と「お湯」とを区別しますが、英語には
この区別がないのです。このように、日本語の「水」と
英語の water にはずれがあります。

　したがって、water は、

If you want some coffee, help yourself, please. The wa-
ter's in the pot.

（コーヒーが飲みたかったら、どうぞ遠慮なく。ポッ
トにお湯が入ってますから）

などと使われます。この場合、状況から判断して、この
water が「お湯」であることが分かりますので、必ずし
も hot water と言わなくともよいのです。

　ただし、特に「水」と「湯」とを区別する必要がある
場合は、cold、hot などの形容詞をつけて、cold water、
hot water と表現します。

　面白いことに、コーヒーや紅茶を淹れるお湯は、上の

例のようにwaterで十分なのですが、ホテルなどで蛇口
から出るお湯は、コーヒーを淹れるには十分な温度では
ないことがあります。その区別をしたい場合は、hot
waterではなくboiling water（沸騰している水→熱いお
湯）と表現します。したがって、ホテルの部屋でコーヒ
ーを飲もうとして、ルームサービスでお湯を持ってきて
もらいたいときは、

　　Will you bring me some boiling water?
と表現する必要があります。文化が異なると、物質のも
つ温度のイメージも異なるようです。

　ちなみに、waterを使った面白い婉曲表現があります。
pass water（排尿する、小便をする）です。たとえば、

　　The doctor asked me, "Do you have difficulty passing
　　water?"
　　（お医者さんに、「尿が出にくいですか？」と訊かれた
　　わ）
などと使われます。

# 「みやげ（物）」と souvenir / gift

「みやげ（物）」というと、souvenir や gift を思い浮かべることと思います。では、souvenir とはどういう「みやげ」でしょうか？　そんなこと、今さら聞かなくとも、家族や友人、同僚などへのみやげ（物）だとお考えの方が多いのでは？　実は、souvenir は他人への「記念の品、贈り物」というよりは、（自分のために持ち帰る）「旅の思い出、記念品」というニュアンスが強い語です。旅行に行って自分のために買う記念の品物のことです。したがって、「パリ旅行の記念（自分のため）にコースターを買ってきたの」は、

I bought coasters as a souvenir of my trip to Paris.

と表現します。

では、gift は？　これこそが、家族や友人、つまり自分以外の人のために旅先などで買う「みやげ（物）」のことです。

This strange-looking doll will make a great gift for my friends.

（この奇妙な人形は友だちへの素敵なみやげになるわ）

などと使われます。

また、思いやりからの「贈り物」や（ちょっとした）「社交上の贈り物」は present です。旅行先で買った「みやげ物」である必要はありません。たとえば、

　This is a present for you. I hope you like it.
　（これ、あなたへのプレゼントよ。気に入ってくれる
　　といいんだけど）
などと表現します。
　このように、「みやげ（物）」イコール souvenir でなく、日本語と英語にはずれがあることを覚えておきましょう。

# 「見る」と see

　日本語の「見る」に相当する英語には、see、look (at)、watch があります。これらは根本的に異なり、日本語と英語には大きなずれがあります。では、「見る」をよく見てみましょう。

　see は「（特に見ようとしなくても）自然に見える、目に入る、視界に入る」を意味します。映画や劇、観光名所などを見ることも含まれます。たとえば、

　My grandmother can't see anything without her glasses.
　（おばあちゃんは、メガネを掛けないと何も見えないの）

などと使われます。この語はまた、単に物理的に物を見るだけでなく、「何かを理解する、調べる、確かめる」という意味でも使われ、

　You shouldn't take her word for it. You'd better see for yourself.
　（彼女の言うことを真に受けない方がいいよ。自分の目で確かめるべきだな）

などと使われます。

　また、look (at) は「静止している物を意識的に見る、

注視する、視線・目を向ける」という意です。Look!
「ねえ、いいかい、ほら、見て！」などと相手の注意を
引く時にも使われます。この語は、

　　May I look at your new dictionary?

　　（あなたの新しい辞書を見てもいい？）
などと使われます。see と look (at) の違いを理解するに
は、

　　I looked around but didn't see anybody.

　　（あたりを見まわしたけど、誰も目に入らなかったわ）
という文が役に立ちます。

　　さらに、watch は、「（動きのある物を集中して）しば
らくの間見る、見守る、じっと見る、観察する」ことで、

　　My children watch television for hours every day.

　　（うちの子たち、毎日、何時間もテレビを観るのよ）
などと使われます。watch にはまた、「注意する」とい
う意味もあり、

　　Watch your language.

は（あなたの言語［遣い］を見なさい）→「言葉に気を
つけなさい」を意味します。see「物が自然に見える」
という自然なことに対して、look (at) と watch は「物ご
とを注意して見る」という自発的な行為を表します。

# 「持って来る」と bring

　ご存じのように、bring は「話し手のいる場所へ物を持って来る、人を連れて来る」という意味です。たとえば、

My father brought some *sushi* home last night.
（父は夕べ、寿司を持って帰ってきた）

などと使われます。したがって、「持って行く」を意味する take とは反対に、bring は「持って来る」と覚えるのは基本的に正しいと言えます。が、注意も必要です。bring は、「話し手がいる場所に物を持って来る」という意ばかりではないからです。たとえば、パーティに招かれた人が、

What should I bring to the party?

と尋ねます。「パーティへは何を持って行ったらいい？」がこの文の意味です。これは、相手が主催するパーティへ出席することを前提にして使う表現です。この場合、「持って来る」ではなく、「持って行く」と、日本語に訳す必要があります。また、

I'm coming to your house and bringing you some gifts
from Hawaii.

（お宅へハワイからのお土産を持って伺います）
という文でも、話し手がこれから行こうとしている場所、あるいは聞き手がいる場所へ向かって「何かを持って行く」ことを意味しています。

　他方、take は、「ある場所から他の場所へ物を持って行く」、つまり「聞き手ではない別の人（第三者）がいる所へ物を持って行く」ことのみを意味します。たとえば、「お子さんたちも連れて来なさいよ」は、

　Please bring your children.

で、話し手の方向に「来る」ことがハッキリしているので問題ありません。もちろん、この場合、Please take your children. とは言えないですね。なぜなら、この文では、行き先がハッキリしないので、Please take your children to the party. などと、状況とか方向を表す語句を付ける必要があるからです。

　これらの例から、「持って来る」イコール bring ではないことがおわかりいただけると思います。

　ちなみに、パーティなどへ誘われて、

　Just bring yourself!

と言われたら、どういう意味でしょうか？　「（パーティへは）手ぶらで来てください」です。

# 「焼く」と bake

　日本語で「焼く」といえば、イコール bake だと思いがちですが、必ずしもそうではありません。日本語の「焼く」はあらゆる物を焼く場合に使われますが、英語では焼く物や焼き方によって、イロイロな語が使われます。ここにも、日本語と英語にずれがありますので、よく見てみましょう。

　bake は（パン・菓子などを）「オーブンで焼く」ことに使われます。（肉・魚などを）「直火であぶって焼く」は broil です。また、（肉・魚などを）「焼き網や鉄板で焼く」は grill で、（肉などを）「オーブンで時間をかけて蒸して焼く」には roast が使われます。

　barbecue という動詞もありますが、これは（肉などを丸ごと）「炭火で焼く」を意味します。さらに、toast は（パンなどを）「トースターで焼く」ことで、fry は（卵などを）「フライパンで焼く」ことです。日本語では「焼く」一語で済みますが、英語では焼く対象や焼き方によって、こんなにも多くの異なる語が使われるのです。これは、肉料理が中心である英米の食習慣を如実に反映していると考えられます。

ちなみに、食べ物ではありませんが、「焼きもちを焼く」は何と言うでしょうか？　jealous という形容詞を使います。「ヘレンはすぐに焼きもちを焼くんだよ」は、

　　Helen easily becomes jealous.
と表現します。

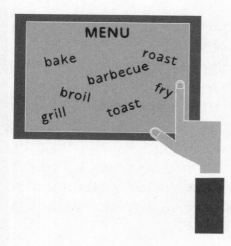

# 「指」と finger

　日本語で、「片手の指は（全部で）何本あります
か？」と尋ねると、ほとんどの人が、「5本」（両手で
10本）と答えます。では、英語では？　5本？　いいえ、
正確には4本です。なぜ？　「指」は英語では finger で
すね。実は「親指」は finger ではなく、thumb という
特別の名がついているのです。このように、日本語の
「指」と英語の finger には、こんなにも大きなずれがあ
ります。

　それぞれの「指」の呼び名は、the thumb「親指」、
the index ［first］ finger / the forefinger「人差し指」、
the middle ［second］ finger「中指」、the ring ［third］
finger「薬指」、the little ［fourth］ finger「小指」です。
「小指」は pinkie とも呼ばれます。これは、「小さいも
の」を指すオランダ語の pink に由来しているそうです。
「小さい」から「小指」を指すようになり、今日では
pinky と綴られることもあります。

　また、英語で手の指は finger と thumb です。では、
足の指は？　toe と呼びます。日本語にはない区別です。
日本語で「指」を区別する時は、「手の、足の」とそれ

それの部位を明らかにして表現しなければなりません。

　足の「親指」は the big [great] toe です。他の指は、親指側から the second toe、the third [middle] toe、the fourth toe、the fifth [little] toe です。

　余談ですが、日本人は「親指」で「一家の亭主、親方」や「男、彼氏」を意味することがあります。実は、英語の thumb も男性（の性器）の象徴をイメージしますので、「男」を表す日本語の「親指」とイメージが重なるのは偶然でしょうか？　一方、日本人は「（彼）女」を表すのに「小指」を使いますが、英語の小指にはそのようなイメージはありません。念のため。

## 「旅行」と trip

英語の trip は「旅行」という意ですから、一般には、

I want to take a trip to Spain.

（スペインへ旅行に行きたいわ）

I want to go on a trip around the world some day.

（いつか世界一周旅行をしたいわ）

などと使われます。ところが、筆者がアメリカ留学中の
ある日、寮のルーム・メイトが I made two trips to the
library today. と言った時は、我が耳を疑いました。ヒョ
ッとするとこのアメリカ人、英語の正しい使い方を知ら
ないのでは、と。

そこで、この trip の使い方がおかしいのでは？ と彼
に訊いてみました。すると、trip には「短い距離の移
動」という意もあるので、上の trip の使い方に問題はな
いとのことでした。「今日は2度、図書館へ行ってきた
よ」を意味するとのことでした。trip の正しい使い方を
知らなかったのは、外国人である筆者のほうでした。40
年以上も前のことですが、恥をかきました。したがって、
この語は、

My grandpa frequently makes a trip to the bathroom at

night.

（おじいちゃんは夜中によくトイレに行くの）
などと使われることも、珍しくありません。

　要約すると、trip は目的や期間の明確な旅行で、短
期・短距離の旅行から長期の海外旅行までを含みます。
単なる「旅行」の範疇を超え、何らかの用事で会社や
家の中をあちこち移動したり、用件・仕事で近所に出か
けたり、外出したりすることをも意味します。

　ちなみに、take a trip は「遊びの旅行をする」、make
a trip は「業務上の旅行をする」場合に使われることが
多いようです。

　日本語の「旅行」を意味する英語には、trip のほかに
も、travel、tour、journey などがあります。travel は周
遊・観光を目的とした長距離の旅行のことで、目的地よ
りも移動や旅行自体に重きを置く語です。また、tour
は、観光や視察などのための計画に基づいて各地を訪れ
る周遊旅行のことで、各地を巡ったあとで元の場所へ戻
る旅を指します。さらに、journey は、通常、陸上の比
較的長い旅行のことで、必ずしも元の場所へ戻ってくる
ことを意味しません。

　voyage という語もあります。主として、「船の旅、航
海」です。たとえば、

My father is on a voyage to San Francisco.

（父はサンフランシスコへ航海中です）

などと使われます。この語にはまた、「空の旅」という
意もあり、make a voyage to the moon は「月旅行をす
る」です。このため「船（の）旅」を、《米》ocean
voyage、《英》sea voyage と言うこともあります。

　このように、日本語の「旅行」は、英語では、旅行の
目的、旅行の形態、行く場所などによって異なる語が使
われます。ここでも、日本語と英語に大きなずれがある
ことがおわかりですね。

# 「沸かす」と boil

　英語の boil は boiling water（熱湯）などと使われますので、日本語では「（液体を）沸かす」という意で使われます。boil される対象によって、日本語の表現を変える必要があります。まず、「液体」を対象にする場合、boil water が「お湯を沸かす」、boil milk が「ミルクを沸かす」などと使われます。次に、「料理する物」を対象にする場合は、boil eggs「卵を茹でる」、boil vegetables「野菜を煮る」、boil rice は「ご飯を炊く」などと使われます。「液体の入った容器」が対象の場合、boil the kettle「ヤカンの水を沸騰させる」などと使われます。boil は単に「沸かす」ばかりでなく、対象によっていろいろに訳し分けなければなりません。

　ちなみに、「茹でる・煮る」には、boil のほか、stew「柔らかくなるまで煮る」、simmer「弱火でコトコト煮る」、braise「油で炒めて蒸し煮にする」などもありますので、使い分けが必要です。

第 2 章

# カタカナ語と英語の
# 意味のずれ

日本語には数多くの「カタカナ語」があり、その大半は外国語、特に英語が基になっています。したがって、「カタカナ語」は、何となく英語らしく感じますが、それらを英語として使うと、意味が異なっているために、意思の疎通がうまくいかず、要らぬ誤解を招くことが少なくありません。カタカナ語の多くは日本語の中で意味やニュアンスを変えて一人歩きしているからです。

　日本語では、パソコンのキーボードを見ずに入力することを「ブラインド・タッチ」と言うことがありました。このコトバ、立派な英語だと勘違いしている人もいると思いますが、これはレッキとした和製の「カタカナ語」です。英語では、touch-typing（動詞は touch-type）と言います。

　このように、我われはしばしば、そうとは知らずに、カタカナ語を英語と誤解して使うことがあります。カタカナ語もまた、英語学習の障壁になります。英語を正しく使うには、カタカナ語と英語の意味のずれを無視することができません。本章では、こうしたずれを紹介します。

# 「アフター・サーヴィス」と after-sales ser-vice

「アフター・サーヴィス」がしっかりしている商品や商店、あるいはメーカーには、信頼をおくことができます。ところが、この「アフター・サーヴィス」という表現、after と service が組み合わさった和製英語で、英語ではありません。

では、正しくは何と言うのでしょうか？　after-sales service とか customer service です。たとえば、

I would like to talk to someone who is in charge of your after-sales services.

（おたくの会社のアフター・サーヴィスの担当者とお話ししたいのですが）

などと使われます。

日本語の「アフター・サーヴィス」は、商品や製品の故障などを修理したりするサーヴィスを指します。英米の after-sales service は無料・有料にかかわらずサーヴィスの内容が細かく明文化されています。英米で買い物をされる時は、after-sales service についてよく理解しておく必要があります。

ちなみに、類似の表現に aftercare があります。これ

は、「病後・産後・手術後の心身の健康指導」や「受刑者の出所後の生活更正指導」などを意味しますので、混同しないように注意が必要です。たとえば、

A: Could you tell me who I should talk to regarding your after-sales services?

（貴社のアフター・サーヴィスについて、誰とお話しすればよいか教えていただけませんか？）

B: Hold on a minute, please.

（少々お待ちください）

などと使われます。

# 「アンケート」と questionnaire / poll

　ある目的のために、ある内容に関して、多くの人から同じ質問で意見を聞く調査を、日本語で「アンケート」と言います。

　この「アンケート」というコトバ、「調査、質問」を意味するフランス語の equate が語源です。「アンケート」にあたる英語は questionnaire です。質問事項がリストになっている調査用紙を指します。「アンケートに記入する」は、fill in ［out］ a questionnaire です。たとえば、

　A: Please fill out this questionnaire when you leave.

　（お帰りの際には、アンケート用紙にご記入ください）

　B: I'm sorry. I'm in a hurry.

　（ごめんなさい。急いでますので）

のように使われます。

　ちなみに、社会、政治などに関する「世論調査」は、(opinion) poll と言います。

　An opinion poll was taken ［conducted］ the other day.

　（先日、世論調査が行われた）

などと使われます。

# 「エッチな」と dirty-minded

　日本語で「エッチ (H)」がなぜ「スケベ」を意味する
か、ご存じですか？　筆者も、初めてこのコトバを耳に
した時は、チンプンカンプンでした。後で、これが「変
態」をローマ字表記した "hentai" の頭文字であること
を知りました。「エッチ」とは、「変態」のことだったの
です。でも、今日では、「変態、スケベ」にとどまらず、
動詞として「エッチする」などと使い、セックスをする
ことにも使われるようになりました。もちろん、英語と
は一切関係なく、ネイティブ・スピーカーに "H" と言
っても通じません。もっとも、長年、日本に住んでいる
外国人は別ですが。

　では、日本語の「エッチ（な）」（「変態」という意で
はなく）は英語で、どのように表現するのでしょうか？
いつも「エッチな」ことを考えている人には、
dirty(-minded) とか horny という形容が適切です。たと
えば、

Tom is dirty-minded, because he always reads porno
magazines.

（トムはエッチだよ。だって、あいついつもポルノ雑

94

誌を読んでるからな）

のように使われます。

　また、「エッチする」はもちろん、make love とか
have sex です。中年のイヤらしい「スケベおやじ」のこ
とは英語で dirty old man（いつもスケベなことを考え
ている老人）と言います。この場合、日本語で「おや
じ」とは言いますが、必ずしも中年（以降）や老人に限
るわけではありません。年齢に関係なく、そのような言
動をする男性に等しく使われます。女性に変なイタズラ
をしたり、執拗に肌に触れたりして、

　**You lech! Let go of me!**（助平ねー。その手、放して
よ！）

　**You're a dirty old man!**（このスケベおやじ！）

などと言われませんように！

# 「ガードマン」と security guard

　世の中が物騒になり、今日、警備保障会社にセンサー付き警備を委託（あるいは契約）している企業・家庭は少なくありません。ところが、センサー付き警備装置とは別に、いまだに「ガードマン」と呼ばれる「警備員」を雇って（置いて）いる会社も少なくありません。この「ガードマン」というコトバ、1960年代後半から70年代初めに人気を博したテレビ・ドラマ『ザ・ガードマン』のモデルになった、当時の「警備会社」の社長の命名とか。

「ガードマン」は、guard と man を組み合わせたものにすぎず、残念ながら単なる和製英語で、英語としては通用しません。何となく英語らしい響きがしますが。英語では security guard です。単に guard と言うこともあります。たとえば、

　A: What does your father do?
　（お父さんは何のお仕事をしているのですか？）
　B: He is a security guard, and checks out the building at night to see if anything is amiss.
　（父は警備員で、夜は建物の中を異状がないかどうか

見回っています)
　＊ check out には「（ホテルなどを）チェックアウトす
　　る」という意のほか、「詳細に調べる」という意もあり
　　ます。
のように使われます。
　ちなみに、guardsman と "s" を中に挟むと「兵士」
という意になります。ちょっとややこしいですね。

# 「ガソリン・スタンド」と gas [filling] station

　日本語の「ガソリン・スタンド」は gasoline と stand が組み合わさってできた表現です。gasoline も stand もともに英語に違いはありませんが、gasoline stand という英語は存在せず、レッキとした和製英語です。英語では一般に gas(oline)［《英》petrol］station と言います。

　また、《英・米とも》filling station、service station と言うこともあります。filling station は「車にガソリンを満たす場所」という意から生まれた表現です。service station の多くでは、給油ばかりでなく、車の修理もしますし、食（料）品なども販売しています。

A: Excuse me, where is the nearest gas station?

（すみません。一番近くにあるガソリン・スタンドはどこですか？）

B: Just go three blocks, you can find it on your left.

（ここから3ブロック行くと、左側にありますよ）

などと使われます。

　また、イギリスには「ガソリン・スタンド」を兼ねた garage も少なくありません。garage には「車庫」のほかに、「車の修理工場」という意もあります。

ちなみに、「(この車) 満タンにして (ください)！」
は Fill her [it] up, please! が一般的です。この場合、
her を使うのは、英語の car が女性名詞だからです。

# 「カンニング」と cheating

　日本語では、試験の時に試験官や監督員の目を盗んで行う不正行為のことを「カンニング」と言いますが、これは英語の cunning という語からとされています。最近も、大学入試で、インターネットを利用した不正行為が発覚した事件があり、大きな社会問題になったのは記憶に新しいところです。

　この cunning には「ずる賢い、抜け目ない、狡猾な」という強いマイナス・イメージがありますが、「テストでの不正行為」という意はありません。これは、日本人が cunning の「ずる賢い」という意を勝手に拡大解釈した和製英語です。試験での「カンニング、不正行為」に相当するのは、cheating です。動詞の cheat は「（不正な手段で）人を欺く、不正を働く」という意で、「英語のテストでカンニングをする」は cheat on [《英》in] the English test と言い、「カンニングが見つかる」は be [get] caught cheating と言います。たとえば、

　A: Johnny got kicked out for cheating on his final exam.
　（ジョニーのやつ、期末試験でカンニングして退学になったよ）

B: Sorry for him.

（かわいそうに）

のように使われます。

　余談ですが、cheat には「人を騙す、人を欺く」とい
う意味があり、cheat on one's wife は「（妻を裏切って）
浮気する」を意味します。もちろん、「夫を裏切って浮
気する」は、cheat on one's husband と言います。

## 「キャリア」と career

　日本語として定着した「キャリア」は英語の career（発音は［kəríər］で、「カリァ」に近い）からです。career は「（昇進を目指して、長期または一生続ける）専門的な職業・仕事」のことで、かなり目覚ましい業績を意味します。したがって、

　What is your career plan?

　（将来はどのような職業につきたいですか？）

などと使われます。

　ここで注意したいのは、英語の career に「（ある分野での）経歴、履歴」という意はありますが、日本語で使われる「経験」という意はないということです。

　また、日本語では、より高い専門知識や能力を身につけることを「キャリア・アップ」と言いますが、これも英語ではありません。「キャリア・アップ」のことは英語で career enhancement とか career development と言い、「キャリア・アップをめざす」は enhance one's career です。さらに、好条件を求めての転職の意では、career change for more favorable conditions、getting a more desirable position［job］と表現します。

日本語でよく使われる「キャリア・ウーマン、キャリア・ガール」は、英語でもそのまま career woman / career girl ですが、これは「社会で職業人として活躍し、高い地位を目指す女性」、つまり「熟練した技能や知識を持つ専門職に就いている女性」を意味します。したがって、仕事に就いていても、専門職でない女性は、career woman とは呼べません。

# 「クラクション」と horn

「クラクション」は、shout とか scream を意味する古代ギリシャ語の klaxon からとされています。これは、イギリスの警報装置会社 Klaxon Signals の製品で、もとは商標名でした。

　ところが、英語で「クラクション」は一般に horn「角笛、警笛」です。「クラクション」を鳴らすは、blow〔sound / honk〕one's horn です。たとえば、

　When I tried to stop on the narrow road, the driver behind me blew〔honked〕his horn.

　（狭い通りで停車しようとしたら、後ろの車にクラクションを鳴らされたわ）

などと使われます。

　ただし、blow one's own horn と own を付けると、「自慢する、自画自賛する」という意になりますので、お間違えのないように。

# 「クレームをつける」と make a complaint / complain

　買った商品の欠陥・不備、物ごとや相手のやり方に文句や苦情を言う時、「クレームをつける」と言う人がいますが、これは英語 claim の意味を誤用した例です。英語の claim に「苦情、文句、反対」という意はなく、一般に、「要求、請求」など、特にお金に関する賠償などの意で使われます。動詞の claim は、「権利を主張する・要求する、契約違反に対して損害賠償の請求をする」という意です。単に「文句や苦情を言う」は、make a complaint、あるいは complain です。たとえば、

　　My husband always makes a complaint about the service of that supermarket.

　（うちの人ったら、あのスーパーのサーヴィスにいつ
　　もクレームをつけるのよ）

のように使われます。

# 「ゴールデン・アワー」と peak viewing time / prime time

　テレビやラジオの放送局は、あの手この手で、高い視聴率を稼ごうと躍起になっています。ところで、最も高い視聴率が期待される放送時間帯のことを、日本語では「ゴールデン・アワー」とか「ゴールデン・タイム」と言いますが、これらはレッキとした和製英語です。実は、英語の golden hour は「全盛期、黄金期、またとない楽しい時間」を意味します。また、医学用語では「死活の１時間」という意で、事故などで重傷を負った直後の１時間を意味します。この時間内に適切な医療行為を施すかどうかが生死を大きく左右するとされているからです。また、英語の golden time には「老年期」という意味もあります。

　では、日本語の「ゴールデン・アワー」は、英語では何と言うのでしょうか？　テレビの場合は peak viewing time または prime TV time、ラジオの場合は prime time または peak time です。たとえば、

A: The new drama series will get its first airing at the prime time this week.

（今週から、ゴールデン・アワーに新しい連続ドラマ

が放映されるわよ）

B: OK. I'll watch it.

（分かった。私、観るわ）

のように使われます。英語の会話で、うっかり「ゴール
デン・アワー」とか「ゴールデン・タイム」などと和製
英語を使うと、とんでもない誤解を招きます。

　ただし、最近、日本のテレビ業界でも 19 時から 23 時
の放送にはプライム・タイムを用いるようになってきて
いますが……。

# 「コップ」と glass

　ミルクを入れるのは cup（コップ）ですか、glass ですか？　英語圏では一般に、cup にはコーヒー、紅茶、スープなどの温かい飲み物を入れ、glass には水やジュース、ビールなど冷たい飲み物を入れます。では、ミルクは？　ミルクも通常は、glass に入れます。英米には一般に、ミルクを温めて飲む習慣がないからです。たとえば、glass は、

　I drink a glass of milk every morning.

　（毎朝コップ1杯のミルクを飲みます）

などと使われます。ただし、病人や赤ちゃんに飲ませる時は別です。他方、日本語の「コップ」は「杯」を意味するオランダ語が語源ですが、日本語の「カップ」は英語の cup が語源です。日本語の「コップ」に相当するのは「グラス」(glass) で、当然、ガラスでできた製品のことです。ただし、「紙コップ」は、paper cup と呼ぶ必要があります。paper glass ではありません。念のため。

# 「コンパ」と party / get-together

　ご存じのように、日本の大学生は「新歓コンパ、追い出しコンパ」のほか、何かと理由を付けては、よく「コンパ」を開きます。また、社会人も、男女を問わず同僚、仲間が飲食しながら親睦を深める集まりである「コンパ（まがい？）」、つまり「飲み会」を開きます。

　実は、日本では明治時代、学生たちが仲間でお金を出し合って飲み食いする会を、「コンパニー」（英語のcompany のこと）と呼んだそうです。今日の日本人は、この風習を引継ぎ、コンパニーを縮めて「コンパ」と呼ぶようになったのです。ただし、この「コンパ」、company から生まれたものではあっても、レッキとした和製英語です。

　英語の company という語は、「一緒に」を意味するcom- と、「パン」(bread) を意味する -pany とを組み合わせたものです。つまり、「一緒にパンを食べる」ことで、「仲間、付き合い」が語源です。それはさておき、この種の飲み食いするための集まりを「コンパ」と呼ぶのは日本独特で、これに相当する英語は存在しません。強いて言えば、party とか (social) get-together が考えら

れます。たとえば、

　　I drank too much at the party [get-together] last Sat-
　　urday.

　　（先週の土曜日のコンパでは、飲み過ぎちゃったよ）
などと使われます。

　　ちなみに、「合コン」は合同コンパの略ですが、これ
に当てはまる英語もありません。強いて英語で表現すれ
ば、a joint party (with ~) あたりが適切でしょう。

# 「サラリーマン」と office worker

　塩 (salt) は、野菜などの保存のほか、魚介類の塩蔵などにも使われ、古代ローマ時代から貴重品として扱われています。当時、兵士には給料の一部として sal（ラテン語で「塩」）が与えられたと言われています。後に、塩は必需品であるばかりでなく、貨幣の役割をも果たすようになったのです。つまり、兵士には、sal を買うのに必要な salarium（ラテン語で「塩手当：塩を買うための給与金」）が支払われるようになったのです。これが salary「給料」の語源です。

　しかし、サラリーを受け取る人を意味する日本語での「サラリーマン」は、この salary と man を組み合わせた和製英語です。ただし、最近の外国雑誌などでは、関連記事で salaryman が散見されますが……。英語では a salaried worker が使われることもありますが、「会社員、勤め人」の意では、一般に office worker とか company employee が使われます。たとえば、

A: What does your brother do?

（お兄さんは何をなさっているんですか？）

B: He is an office worker. Now he's in Kobe.

（サラリーマンで、いまは神戸にいます）
のように使われます。

# 「サイン」と autograph

　英語の sign には、「合図、記号、標識、手まね」など、いろいろな意味があります。したがって、「サインする」は「署名・調印する、合図する」を意味します。ところが、外国からの有名な歌手やスポーツ選手を見かけて、Sign, please! とか Give me (your) sign.（サイン、お願いします）と言いながら色紙などを差し出すシーンを見かけることがあります。ちなみに、sign には「星座」という意もありますので、後者は「あなたの星座を教えて下さい」を意味する可能性もあります。いずれにしても、「サインして下さい」は Sign! とか Signature, please! ではありません。

　では、有名人からサインをもらうには、何と言って頼むのがよいでしょうか？　Could I have your autograph, please?（サインをいただけませんか？）とか Autograph, please!（サイン、お願いします！）です。

　autograph は「自署」という意です。したがって、「サイン会」は autograph session、「サインボール」は autographed ball と言います。ただし、「サインペン」は autograph pen ではなく、felt-tip(ped) pen と言います。

世の中には、有名人のサインを集めるのが好きな人がいます。こういう人は、autograph hunter と呼ばれます。

　ところが、Please sign here.「ここにサイン（署名）してください」という表現が使われることもあります。これは、お店での買い物の代金やホテルの宿泊代をクレジット・カードで決済する時とか、役所などで何らかの手続きで確認の書類に「署名」する時です。ただし、このような場合でさえ、名詞 signature を使った Please put your signature here. のほうが一般的です。

　ちなみに、スポーツの監督やコーチが出す「サイン」は、英語では signal です。指示・命令などの情報を伝えるための合図や身振りのことです。

# 「シェイプ・アップする」と get into shape

　日本人は「体形を整える」を意味して、よく「シェイプ・アップする」と言います。ところが、英語の shape up がこの意で使われることはマレです。この表現は一般に、「（態度・行動などを）改める、態勢を立て直す、しっかりやる」を意味し、「襟を正す」に近いニュアンスが含まれています。

　では、健康や美容のために運動をしたり、ダイエットをしたりして「シェイプ・アップする、体形を整える」は、英語で何と言うのでしょうか？　一般には、get into shape あるいは get physically fit と表現します。たとえば、

　A: I've put on five kilo(gram)s these three months.

　（ここ３か月で５キロも体重が増えちゃったの）

　B: Well, you have to get into shape.

　（じゃあ、シェイプ・アップしなきゃあね）

のように使われます。

# 「ジェット・コースター」と roller coaster

　テーマ・パークの「乗り物」(ride) は、いくつになっても楽しく、いつ行っても童心に戻れる楽しいものです。ところが、あのスリル満点の「ジェット・コースター」、実は和製英語だと言うと、驚かれる方も少なくないでしょう。日本では、かつて後楽園ゆうえんち（現東京ドームシティ　アトラクションズ）で使われていたこのジェット・コースターという名称が定着し、そのまま使われています。

　では、英語では？　roller coaster です。roll「転がる」と coast「惰力で進行する」を組み合わせたものです。なるほど、理にかなった呼び名ですね。たとえば、

A: Mom, let's ride that roller coaster next time.

（お母さん、次はあのジェット・コースターに乗りましょうよ）

B: I'll pass on that.　You know I have a weak heart?

（あれはパスするわ。私、心臓が悪いの、知ってるでしょ？）

のように使われます。

# 「シャープペン (シル)」と mechanical pen(cil)

芯が出てくる、あの便利なペン（または、鉛筆）は、英語では mechanical pen(cil) と言います。mechanical は「機械的な、機械仕掛けの」という意です。つまり、機械的に芯を送り出すペンという意です。「シャープペン」は、「いつも尖っている」を意味する商標名 Eversharp からです。日本語はこの商標の一部を取って、それに pen をつけた合成語です。もちろん、英語としては通用しません。一般には mechanical pen ですが、《米》では automatic pen(cil)、《英》では propelling pencil と呼ばれることもあります。propel は「前進させる」という意です。mechanical pen(cil) は、たとえば、

A: Mechanical pens are quite convenient, because you don't have to sharpen them.

（シャープペンは削る必要がないので、とても便利ね）

B: But I prefer to sharpen pencils.

（でも、私は鉛筆を削るほうが好きだわ）

のように使われます。

# 「シュークリーム」と cream puff

　昔、日本に住んでいた知人のアメリカ人に「シューク
リーム」を食べようと誘ったら、いやな顔をされたのを
覚えています。「シュークリーム」という発音が何とな
く「靴墨」を連想するからだとか。もっとも、「靴墨」
も shoe cream ではなく、shoe polish ですが。日本語の
「シュークリーム」はフランス語の chou à la crème（ク
リーム入りのキャベツ）に由来します。フランス語の
chou は「キャベツ」のことです。「シュークリーム」が
キャベツの形に似ているので、こう呼ばれるようになっ
たそうです。

　では、あのふんわりした、美味しい「シュークリー
ム」は英語で何と言うのでしょうか？　英語では cream
puff です。puff は「ふわっとふくらんだ菓子」とか「丸
くふわっとしたもの」という意です。たとえば、

　A: That bakery has the best cream puff in this town.
　（あのパン屋さんのシュークリームはこの町で一番よ）
　B: Really?  OK. Let's buy some.
　（ほんと？　じゃあ、買いに行きましょう）
のように使われます。

# 「ジュース」と juice

　日本では果物風味の清涼飲料はすべて「ジュース」と
呼ばれますが、英語では果物風味でも炭酸の入っている
飲料水は一般に「ジュース」ではなく、soft drink と呼
ばれます。より具体的には、炭酸が入っている飲み物は
(soda) pop、オレンジ風味のものは orange soda です。
これらの飲み物は、juice ではありません。英語の juice
は純度 100 ％の液体のみを指すからです。果汁ばかりで
なく、肉汁や樹液も juice です。果汁 100 ％でない飲み
物は fruit drink と呼ばれます。したがって、オレンジ果
汁が 100 ％でないものは、orange drink と呼ばれます。
　ここで思い出しましたが、筆者の住んでいる隣町の、
とある coffee shop に、店名の横に英語（？）で大きく
Flesh Juce と書かれた看板がありました。juce が juice
のスペルミス (misspelling) であるのも問題ですが、
fresh が flesh になっています。これでは、「新鮮なジュー
ス」どころか、「肉汁」という意になってしまいます。
fresh juice と正しく綴って欲しいものです。もちろん、
店主か看板屋のちょっとしたミスか、あるいは無知
（？）によるものと思われますが、それにしても許され

ない間違いです。いずれにしても、気持ちが悪いのでその coffee shop に入ったことはありません。しかし、数か月前、その店の前を通りましたら、「貸店舗」と書かれた紙片がドアに張られて、風雪に耐えていました。本当の話です。

ところで、juice は元々「本質、活力、精力、エキス」という意です。She has no juice. は、「彼女には活気がない、彼女には本質的なキラメキがない」を意味します。

余談になりますが、中学時代にテニスを始めた頃、試合で「ジュース」になりました。が、飲み物の「ジュース」とテニスの「ジュース」と何の関係があるのだろうと、しばらく不思議に思っていました。先輩や顧問の先生に聞いてもわかりません。数年経って、テニスやバレーボールなど球技の「ジュース」は、deuce（発音は「デュース」に近い）と綴る別の語であることを知りました。さらに、これがフランス語の deux に対応して「2」を意味することを知ったのは、大学へ入ってからでした。飲み物の「ジュース」(juice) とは語源もスペルも異なり、何の関係もないことがわかりました。

# 「シルバー・シート」と priority seat / courtesy seat

　日本語では、「老人の〜、高齢者の〜」の意で、「シルバー・〜」と言います。「シルバー・シート、シルバー・エイジ、シルバー・パワー、シルバー・ボランティア、シルバー・マーケット」など枚挙に暇がありません。

　電車やバスの優先席も、以前「シルバー・シート」と呼ばれていました。ところが、この「シルバー・〜」はすべて、和製英語で、英語としては通用しません。それはともかく、なぜ、「老人の〜」を「シルバー」と呼ぶようになったのでしょうか？　老人、高齢者の多くが「白髪」だから？　そう思いがちですが、残念！　実は、50年近くも前のことですが、旧国鉄（現 JR）職員が、高齢者向けのサーヴィスをと考えて、一般席と異なる色の生地をシートに使うことを提案しました。たまたま東海道新幹線向けに用意したシルバー・グレーの生地を使ったことから生まれた名称です。今日では、高齢者のみならず、身体の不自由な人、怪我をした人、妊婦さんなどに利用の幅を広げ、名称も「優先席 (priority seat)」に変わっています。

　ちなみに、日本語の「高齢者」は英語で、senior citizen、あるいは the old と言います。ただし、silver には、動詞で「白髪にする」という意味があり、Age has silvered my grandmother's hair. （おばあちゃんは歳で髪が銀白になった）などと使われます。

　日本語で「高齢・老齢」を意味してシルバーが使われたのに対して、英語ではよく gray（灰色）が使われます。とは言え、「高齢者」に相当する英語は senior citizen、the old、the elderly で、

Priority seats make life for the old easier.

　（シルバー・シートがあるので高齢者は生活しやすいね）

などと使われます。

　また、日本語の「銀色、シルバー」を使った表現には、夜空に輝く「銀河系（天の川）」(the Galaxy、the Milky Way)、スケート場を意味する「銀盤」(a skating rink / an ice rink)、「銀盤の女王」(the queen of the ice) などがあります。

# 「スペルミス」と spelling error / misspelling

　英語の綴り、つまりスペルは、発音との関係が規則的でないものが多く、わたしたちはスペルミスを犯しがちです。日本語の場合、漢字は「表意文字」といって、文字ひとつひとつに意味がありますので、同音異義語や同訓異義語でない限り、あまり書き間違えることはありませんが、英語は「表音文字」なので、スペルから意味を推測することができません。そのため、英語の単語を発音したり、書いたりするのに苦労します。

　それはともかく、この綴りの誤りを、日本語では一般にスペルミスと言います。これは、spell と miss とを組み合わせたにすぎず、単なるカタカナ語です。spell には動詞で「(語を) 綴る」という意はありますが、名詞の「綴り」という意はありません。miss は「〜をやり損なう、〜を見逃す」という意の動詞です。が、「誤り」を表す英語は error とか mistake です。日本語でいう綴りの誤りや間違いの「スペルミス」は spelling error [mistake]、あるいは misspelling と言います。たとえば、

　A: Your report has some spelling errors.

（君の報告書にはスペルミスがいくつかあるぞ）

　B: Sorry. I'll check it over again.

　（すみません。もう一度読み直します）

のように使われます。error と mistake はともに「誤り」ですが、mistake はやや堅い感じを与える語です。

# 「スキンシップ」と personal contact

　日本では、（母）親と子が肌の触れ合いを通して愛情の交流を図ったり、夫婦、兄弟、恋人同士の肌の触れ合いを通して、互いに理解や共感を得たり、人事管理を円滑にするために職場を離れた上司と部下とが私的な交友関係を深めたりすることを意味して、「スキンシップ」という語が使われます。

　ところが、この「スキンシップ」はレッキとしたカタカナ語です。"skinship" なる綴りの英単語はこの世に存在しません。この語は、friendship、relationship、championship、companionship などの連想による、日本人による造語です。

　では、日本語の「スキンシップ」に相当する英語の単語は何でしょうか？　実は、これにピッタリの英単語は見当たりません。あえて言うとすれば、直接的な（母）親と子の肌の触れ合いは (nurturing) physical contact とか parent-child bodily contact と表現し、直接的な肌の触れ合いのない個人的な交流は personal contact と表現します。

# 「スピード・ダウン」と slow down

　日本人は、英語の動詞に up や down を付けがちです。賃金が上がることを意味する「ベース・アップ」も、賃金が下がることを意味する「ベース・ダウン」も和製英語で、英語としては通用しません。一般にはそれぞれ、get a raise、take a pay cut と言います。

　同じ要領で、日本人は、スピードを増したり加速したりすることを「スピード・アップ」、反対にスピードを落とすことを「スピード・ダウン」と言います。speed up「スピードを上げる」は問題ありません。が、「スピード・ダウン」は和製英語です。ドライブをしていると道路脇に「スピード・ダウン」と書かれた標識板をよく見かけます。speed up の反対を意味することはわかりますが、英語の表現としては存在しません。「スピードを落とす」は英語では slow down と表現します。たとえば、

A: You should slow down when entering the downtown area.
（繁華街に入ったら車のスピードを落としたほうがいいぞ）

126

＊この場合、slow down の代わりに drive slow も使われま
　す。

B: OK. I don't want to be caught speeding.

（わかったわ。スピード違反で捕まりたくないからね）

のように使われます。

# 「ティバック」と thong / thong-back

　ある飲み屋へ行った折り、たまたま隣り合わせた客との話題が、下ネタにおよびました。店のママさんが、小生が英語教師と知り、お尻の部分がハデに露出される例のＴ字状の女性の下着がお茶の「ティバッグ」とどういう関係があるのかと訊いてきました。英語に関することですので、ここは英語教師として本領発揮の場です。

　このママさん、お茶の tea bag の bag と T-back の back の発音を混同しているようです。小生としては、T-back は後ろ (back) から見ると「Ｔの字」の形に見えることから、と身振り手振りを交えて説明したものです。もちろん、bag の発音は「バッグ」で、back は「バック」であることを強調して。

　ところが、この「ティバック」という語、実は英語ではなく、カタカナ語であることは、ご存じでしょうか？　Ｔの字状の T-shirt がレッキとした英語なので、こちらも T-back でよさそうなものですが、そうは問屋が卸しません。英語では、thong とか thong-back と言います。thong は物を縛ったり、ムチに使う「革ひも」という意です。ここから、かろうじて股間を覆う程度の「ひも式

のビキニ（下着）」を指すようになったのです。下品に
なりますので、この項の例文は差し控えましょう。

# 「テレビ・タレント」と TV personality

　日本語ではテレビのドラマ、クイズ、バラエティ、ワイド・ショーなどに頻繁に顔を出す芸能人を、「タレント」と呼びます。最近では、大学教授や弁護士もテレビに出て有名になると「タレント教授、タレント弁護士」などと呼ばれています。

　ところが、talent の本来の意味は「素質、手腕、天分」で、「生まれつきの才能」のことです。英語の talent は集合的に「才能のある人たち」を指します。日本ではマスコミに登場する有名人を「タレント」と呼びますが、英語ではこの意味で使うことはマレです。もちろん、芸能人でも才能があり、芸に秀でていれば、「タレント性がある」と言っても問題がありません。しかし、日本では才能の有無にかかわらず、少し有名になれば「タレント」と呼ばれます。これは本来の英語の意味とは異なり、日本語の意味が一人歩きしている典型的な例と言わざるを得ません。

　日本語での「タレント」、つまり芸能界・スポーツ界の「有名人」は、英語では personality とか celebrity と呼ばれます。「芸能人」の総称は entertainer ですが、

singer、comedian、actress などと具体的な職種で表現するのが一般的です。したがって、日本人がよく使う「テレビ・タレント」には、TV (television) personality が適切です。TV star とか TV entertainer と呼ぶこともあります。もちろん、俗に言う「タレント」も含めて「有名人、著名人、名士」は、celebrity（「セレブ」；《口語》では略して celeb）です。たとえば、

A: I'm fed up with TV programs these days.

（最近のテレビ番組にはうんざりだよ）

B: Me too. Every channel televises only TV personalities' high jinks.

（私もよ。どのチャンネルもテレビ・タレントのバカ騒ぎばかりだからね）

＊high jinks は「さっと身をかわすこと」から、「ドンチャン騒ぎ、バカ騒ぎ」を意味します。

のように使われます。

ちなみに、「タレント弁護士・教授」は lawyer [professor] frequently appearing on TV とか entertainer-turned lawyer [professor]、「タレント議員」は entertainer-turned Diet member と表現するのが適切です。また、「タレント・ショップ」は personality's shop です。

# 「ドクター・ストップ」とdoctor's orders

　暑い日、会社からの帰りに、「1杯やろうよ」と同僚に誘われて、「いやー、飲みたいのは山々だけど、ドクター・ストップがかかってね」とは、よく耳にするフレーズです。が、この「ドクター・ストップ」、立派なカタカナ語で、英語としては通用しません。

　では、「ドクター・ストップ」のことを英語で何と表現するのでしょう？　医者が患者に対して日常生活のある特定の活動を制限すること（特にある特定の飲食物を制限したり禁止したりすること）なので、英語ではdoctor's orders「医者の命令」と表現します。doctor's ordersは元々、ボクシングの試合で、負傷した選手に対して、医者が試合の中止を勧告することから生まれた表現（このordersは、常に複数形で用いることに注意）で、the doctor's orders to stop the fight が省略されたものです。たとえば、

A: Let's have a drink after work today.

（今日、仕事の後で1杯やろうよ）

B: Sorry, I can't go drinking with you today. To tell the truth, doctor's orders.

（ごめん、今日は飲めないんだよ。実は、ドクター・
　ストップがかかってね）
というように使われます。

# 「ドライ」と dry

　日本語ではよく、「彼女って、意外とドライなのよ」とか「あいつはドライな考え方をするよな」などと言いますね。ところが、英語の dry は、「乾燥した、素っ気ない、無味乾燥な」という意で、日本語の「ドライ」とはかなりずれています。「現実的」なら realistic、「事務的」なら businesslike が適切な英語と言えます。たとえば、「ビルはドライな考え方をするよな」は、

　Bill is all too realistic.

と表現します。「all too ＋形容詞 / 副詞」は「あまりにも～だ、～すぎる」を意味します。

　ちなみに、英語では、「禁酒」のことも dry と言います。アメリカで禁酒法が適用されている州は dry state で、禁酒の市は dry city と言います。そういう州や市で、禁酒法を知らずにアルコール類を飲むと、キツーイ罰則が待ち受けていますので、ご注意を。もっとも、dry state や dry city ではアルコール飲料を販売していませんので、アルコールを買うことさえできませんが。

# 「トランプ」と (playing) cards

　子どものころ、正月などに友だちや家族とよく「トランプ」をして遊びました。この「トランプ」という語は英語の trump からきたものです。ただし、trump card には「（トランプの）切り札」という意味しかありません。したがって、「トランプ・ゲーム」をするカードのことを、trump と言っても通じません。

　「トランプ遊び」で用いるカードは、playing cards と言います。一般には、playing を略して cards と言います。「トランプをする」は play cards です。さらに、「トランプ（のカード）を切る・混ぜる」は shuffle the cards と言います。《トランプ》「札を配る、親になる」は deal the cards と言います。

　　Tom, you're the dealer this time. Please deal the cards
　　quick.

　　（トム、今度はあなたが親よ。早くトランプを配って）
などと使われます。

　ちなみに、play one's trump card は「取っておきの奥の手を出す」という意です。

# 「トレーナー」と sweat shirt

　日本語では一般に、運動やスポーツの練習をする時に着る「(衣)服」を「トレーナー」と呼びます。これも立派なカタカナ語です。英語の trainer は「(馬・犬などを)訓練する人・調教師、(運動などの)指導者」のことで、(練習する時に着る衣服) という意はありません。ただし、複数形の trainers には、《英》で「運動靴、スニーカー」という意がありますが。

　では、日本語の「トレーナー」に相当する英語は？「スポーツ・ウェア」の意では sweat suit (上下そろいの運動着) です。上着は sweat shirt で、「トレーニング・パンツ」にあたる「ズボン」は sweat pants です。たとえば、

　It might get cold tomorrow, so you should bring a
　sweat suit or something.
　(明日は寒くなるかもしれないから、トレーナーか何
　　かを持って来るといいよ)
などと使われます。

# 「ナイター」と night game

　日本語では、夜に行われるプロ野球の試合を、「ナイ
ター」と言います。夜に行われる試合ですから、「ナイ
ター」が英語だと思っている方も多いようです。「ナイ
ター」はカタカナ語で、「夜の試合」は night game と言
います。たとえば、

> I don't like night games on TV, because TV often
> doesn't show games until the end. （テレビのナイター
> はキライだよ。だってテレビでは終わりまで見せない
> ことがよくあるから）

などと使われます。もちろん、「昼の試合」は day game
です。面白いことに、薄暮から夜に及ぶダブル・ヘッダ
ー (double-header) の第1試合に限っては、nighter を使
って twi-nighter と呼ばれます。twi- とは「2倍の、2重
の」という意です。

# 「バイキング（料理）」と smorgasbord / (self-service) buffet

　セルフ・サーヴィスで好きなものを好きなだけ取って食べる形式を、日本人の多くは何の疑問も抱かずに「バイキング料理」とか「バイキング・スタイル」と呼びますね。ところが、これほど日本人に誤解され、広く使われている語も珍しいでしょう。帝国ホテル (Imperial Hotel) のかつての社長が、デンマークを旅行して、好きなものを自由に取って食べる形式があることを知り、自分のホテルにも導入しようと考えたことに端を発します。この名は、当時流行った "Vikings" という映画にこの食事形式のシーンがあったことと、社員アンケートでも「バイキング」という名の希望があったからとのことです。60 年以上も前の 1958 年のことです。ちなみに、当時の夕食は 1 人 1500 円だったとか。宿泊料金が 1 泊1800 円の時代です。今日では、日本人観光客の多い海外のホテルでもこの形式を取り入れているところが多く、「朝食はバイキング」と書かれているのを見ると、奇異に感じるのは筆者だけではないでしょう。

　このように、この「バイキング（料理）」という言葉、日本独特の表現です。Viking とは、8 世紀から 11 世紀

にかけてスカンジナビア半島からデンマークに住んでいながら、海を渡ってヨーロッパ各地を侵略したノルマン人のことです。つまり、ヨーロッパ沿岸を荒らしまくっていた「北欧の海賊」なのです。Viking は料理や食事（の形式）とは何の関係もありません。「バイキング（形式の）料理」を意味して、"Viking (Style)" と言っても、英語のネイティブ・スピーカーにはチンプンカンプンです。海外で、バイキング料理を求めて、ゆめゆめ、Where is Viking (restaurant)? とか I want to eat Viking. などと言わないように。警察を呼ばれかねません。

　では、好きなものを好きなだけ取って食べる形式は、何と言うのでしょうか？　英語では smorgasbord とか (self-service) buffet（発音は、[bʌféi]）と言います。smorgasbord は元々スウェーデン語で「ご馳走を並べたテーブル」という意で、スカンジナビア地方で人気のあった立食形式のことです。他方、buffet は元々フランス語で「（昼食・軽い飲み物を置く）カウンター」を意味し、buffet style はそのカウンターに並べられた料理を自由に取って食べる形式のことです。

　ちなみに、「食べ放題（の）」は all-you-can-eat と言い、「あのレストランではランチが食べ放題で 980 円よ」は、

That restaurant has an all-you-can-eat lunch for 980 yen.

と表現します。

# 「パン」と bread

　英語の bread が日本語では「パン」であることに疑問を抱く人はいないと思います。では、「パン」の由来は？　実はポルトガル語の pão「パオン」です。この「オ」がよく聞き取れなかったために、日本語式に訛って、「パン」と発音されるようになったのです。

　日本語では、あらゆる種類のパンを総称して「パン」一語で表します。ところが、パンをよく食する欧米では、形、大きさによって、名称が異なります。つまり、「パン」イコール bread ではないのです。bread は一般に、「食パン」を指し、トーストにする前のパン、サンドイッチにする四角いパンのことです。

　レストランで出される小型のパンは roll と呼びます。したがって、レストランで「パンにしますか、ライスにしますか？」は、Which would you like, bread or rice? ではなく、

　Which would you like, rolls [croissants] or rice?
と表現します。したがって、レストランで出されるのは、薄切りの食パンではありません。roll とは、クロワッサン、バター・ロールなどで、生地を巻いて作る小型のパ

ンのことです。また、日本語の「ロール・パン」は、英語の roll とポルトガルの「パン」を組み合わせた語で、これもカタカナ語です。

さらに、bun と呼ばれるパンもあります。これは「小型の丸パン」のことです。ハンバーガーを作るときにはさむあの丸いパンです。レーズンが入っているものも珍しくありません。日本の「菓子パン」も bun に含まれ、「あんパン」は sweet bean paste bun、「ジャムパン」は jam bun と呼ばれます。したがって、パンはパンでも、ハンバーガー用のパンは bun、ホット・ドッグ用のパンは roll です。ちなみに、あのガチガチの皮の硬いフランスパンは French bread［loaf］と呼ばれます。

また、この bread は西欧では主食ですから、「食料」のほか、「生計」、《俗語》で「金」（＝money）を意味します。earn［gain; make］one's bread は「生計を立てる」という意です。

「パン」は聖書では肉の象徴とされ、血の象徴であるブドウ酒と共に、教会の聖餐式の時に信徒に分け与えられます。また、bread and butter には、「バターを塗ったパン」のほか、《口語》で「日常生活に必要なもの、生計の手段、生活の糧」という意があります。たとえば、

His bread and butter is writing for magazines.

（彼のメシの種は、雑誌にルポ記事を書くことだ）
などと使われます。ハイフンで結んだ bread-and-butter
は、「生計のための、生活にかかわる、（問題などが）最
も基本的な、重要な」という意です。したがって、a
bread-and-butter job は「生業」を意味します。また、a
bread-and-butter letter は、「（もてなしに対する）礼状、
およばれに対する礼状」のことで、訪問した家庭などに、
もてなしに対して出す感謝の手紙やカードのことです。

　これに対して、bread and water は「もっとも簡単な
食事」という意で、質素な生活が目に見えるようです。

　bread を使った他の表現には、《口語》で butter both
sides of one's bread「両方から同時に利益を得る」、cast
one's bread upon the waters「報酬を求めずに人助けを
する、報酬なしで善い行いをする」、know (on) which
side one's bread is buttered「自分の利にさとい、抜け目
ない」などがあります。

　さらに、the breadwinner は「一家の稼ぎ手、稼ぎが
しら、大黒柱」という意です。winner は、「（スポーツ
や競技会での）勝利者」ですが、breadwinner は食料と
なるパンを獲得するために「外へ働きに出る人」、つま
り「家計を支える人」という意で使われるようになりま
した。

Who's the breadwinner in his household?

　　（彼のうちの稼ぎ手は誰なの？）

などと使われます。ちなみに、two breadwinners in the family は「共稼ぎ」を意味します。

　　さらに、諺には、

　　Bread is better than the songs of birds.

　　（鳥のさえずりよりパンのほうがよい）

もあります。日本語の「花より団子」に相当します。

　　最後に、「パンの耳」は何というかご存じですか？ear of bread ですか？　イヤ、イヤ、違います。heel of bread（パンのかかと）と言います。なぜ？　heel には「かかと」のほかに、「角、末端、端っこ」という意もあるのです。そう言えば、「かかと」は身体の端っこにありますね。

# 「パンク」と punctured tire / flat tire

　かつて、自転車のタイヤはよくパンクしたものです。実際にパンクするのは、タイヤに保護されているチューブなのですが、一般に「タイヤがパンクした」と言います。それはそれとして、パンクしたチューブを取り出し、空気でふくらませて水につけ、穴のあいた箇所を探しあてて、そこに小さく切ったゴムをゴムノリ（接着剤）で貼り付けました。小さい頃は父親に手伝ってもらいましたが、中学生になって自分で直せるようになると、何となく大人の仲間入りをしたような気になったのを覚えています。

　かつては自動車のタイヤもよくパンクしましたが、最近では道路事情もよくなり、かつパンクしにくいチューブレスのタイヤ (tubeless tire) が大半で、あまりパンクしなくなったのは、有り難いことです。ところで、「パンク」は puncture という英語の日本語式省略形で、和製語です。「パンクしたタイヤ」は punctured tire と言い、

　I hurt my fingers in fixing my punctured tire.

　（タイヤのパンクを修理していて、指を怪我してしま

った）

などと表現します。puncture は動詞で、「（釘などで穴をあけて）パンクさせる」を意味します。ただし、タイヤの空気がなくなるとペチャンコになるので、パンクしたタイヤは flat tire とも言います。たとえば、

　A: Why were you late?

　（なんで遅れたんだ？）

　B: Sorry. My car had a flat tire ...

　（申し訳ありません。車のタイヤがパンクしまして……）

のように使われます。省略して flat とも言います。また、破裂によるパンクは blowout です。

# 「ハンドル」と steering wheel

　日本語では、自動車のハンドルも自転車のハンドルも「ハンドル」と言います。英語の handle という語からでしょう。確かに、handle には「柄、取っ手」という意があり、the handle of a knife「ナイフの柄」、a door handle「ドア・ノブ（取っ手）」などと使われます。

　しかし、自動車のハンドルは handle ではありません。handle とは、自転車やオートバイの「ハンドル」のことで、円形ではなく、長い棒状で、両端が握りになっているものです。これは、handlebars（通例、複数形）と呼ばれることもあります。ところが、「方向転換装置」の付いたものは、handle ではなく steering wheel と呼ばれます。steering とは「自動車などの方向転換装置」のことです。steering wheel は単に wheel と呼ばれることもあります。wheel には「車輪、（自動車の）ホイール、（船の）舵輪、（歯車の）輪、車輪に似た物」の意があります。したがって、「方向転換装置」という意での「ハンドル」は和製英語ということになります。

# 「ヒアリング・テスト」と listening test

　日本では、外国語学習などでの「聴き取りテスト、聴解力テスト」のことを、かつては「ヒアリング・テスト」と言っていました。現在のテストや入試では「リスニング」が主流になっていますが……。実は、英語でhearing test と言うと、病院で行う「聴力検査」を意味するのです。

　hear は「自然に聞こえる」を意味し、listen「意識的に注意して聴く」とは異なります。「聴き取りテスト、聴解力テスト」は、英語では listening (comprehension) test と言います。たとえば、

A: I passed the written test, but I have a listening test next time.

（ペーパー・テストに受かったけど、今度はヒアリング・テストなんです）

B: Congratulations!  When is the test?

（おめでとう！　それで、そのテストはいつだい？）
のように使われます。

# 「ピーマン」と green pepper

　食卓によく上る「ピーマン」を知らない日本人はまず
いないでしょう。でも、「ピーマン」は英語ではありま
せん。すると、日本語として定着している「ピーマン」
は一体、何語かおわかりですか？　実は日本語のピーマ
ンは、スペイン語の pim(i)ento「（野菜・薬味用の）ト
ウガラシ」が由来なのです。この語が後にフランス語で
piment（「ピマン」と発音される）になり、それが日本
語式に訛って「ピーマン」と発音されるようになったの
です。
　では、この食物は、英語ではなんと呼ぶでしょうか？
green pepper と言います。英米人の中には、この「ピー
マン」のことを、その形状から bell pepper と呼ぶ人も
います。sweet pepper と言うこともあります。ちなみに、
ピーマンの和名は「甘唐辛子」です。たとえば、

A: Here, eat these green peppers, Sue!

（ほら、ピーマン食べなさいよ、スー！）

B: If you force her to eat them, she'll come to hate
them, grandma.

（おばあちゃん、ピーマンを無理やり食べさせたら、

彼女、ピーマン嫌いになるわよ）

のように使われます。

## 「ピクニック」と picnic

　日本人は、「ピクニック」というと、通常、ランチや食材を持って、郊外や緑の多い場所へ出かけることを意味しますね。

　ところが、英語の picnic は「屋外・野外で食事を楽しむ」を意味し、遠くへ出かけて行って食事をすることではありません（遠くへ行ってもかまいませんが）。自分の家の中庭や裏庭（の芝生の上）などで食事をすることも、picnic と言います。つまり、屋外で食事を楽しむことで、遠くへ出かけて行く必要はありません。

　また、《英》では、picnic という語が持参する食事そのものをも指します。

# 「ビニール袋」と plastic bag

　スーパーやコンビニなどで買い物をすると、かつては無料でくれた袋（2020年7月に有料化が義務づけられた）に、買った商品を入れました。この種の袋は、日本語では一般に、「ビニール袋」と呼ばれますね（「レジ袋」と呼ばれることも多いですが……）。

　もちろん、「ビニール」は、英語の vinyl からきていますが、これは「ビニール樹脂」を意味する専門語で、英米では日常生活で使われることはありません。一般に使われるのは、plastic です。

　プラスチックは、固くて扱いにくいという印象を与えますが、熱や圧力で自由に形が変えられる合成樹脂の可塑性物質の総称です。したがって、plastic には、「形を自由に変えられる」という意もあります。というわけで、スーパーやコンビニで買うことになった例のビニール袋は、plastic bag というのが正しい呼称です。

「ビニール・シート」は plastic sheet、「ビニール・ハウス」は plastic greenhouse と言います。たとえば、《お店で》「ビニールの（ゴミ）袋を10枚、ください」は、

Can I have ten plastic (garbage) bags?
と表現します。

# 「ファスナー」と zipper

ズボン（パンツ）の前チャックを「ファスナー」と呼びますが、これは「滑り留め具」を意味する英語の fastener からです。しかし、英語では一般に、fastener ではなく、zipper が使われます。zipper は開閉する時の音が、布を裂く時の音 zip に似ていることから付けられたとされています。「ファスナーを閉める」は zip up で、「ファスナーを開ける」は unzip です。日本では「チャック」も使われますが、これは「巾着のようによく閉まる」ことから付けられた和製語ですが、商標名にもなっています。

ちなみに、XYZ! という面白い表現もあります。これは、Examine your zipper! を略したもの（頭文字語）です。この英語は（自分のジッパーを調べろ！）→「お前の社会の窓、開いてるぞ！」という意です。もし、誰かに XYZ! と言われたら、自分の前チャックをチェックしてください。

さらに、英語では、zipper のことを fly と呼ぶこともあります。fly には「（野球の）フライ」などのほかに、「ズボンの前チャック」、婉曲的に「社会の窓」という意

があります。したがって、「（ズボン・パンツの）前チャックが開いているぞ」は、

    Your fly is open.

と言うこともあります。また、ふざけて、

    Your shop door is open.

と表現することもあります。

# 「ブックカヴァー」とbook jacket / dust jacket

　本のカヴァー（覆い）なので、「ブックカヴァー」というコトバを、英語だと勘違いしている方も多いようですが、これもレッキとしたカタカナ語です。実は、この「カヴァー」は、本の表紙に埃 (dust) が付かないように守る覆い (jacket) の役割を果たしているのです。したがって、英語では、book jacket ないし dust jacket と言います。

　Books come in dust jacket in most bookstores in Japan.
　　（たいていの日本の本屋さんでは、本にブックカヴァーをかけてくれます）
などと使われます。

　ちなみに、英語の (book) cover は、本自体の表紙を指します。したがって、

　I read this book from cover to cover for five hours.
は、「この本を5時間で読み終えたよ」を意味します。from cover to cover は「表紙から表紙まで」、つまり「最初から最後まで」という意味です。

# 「フライド・ポテト」と French fries

　「フライド・ポテト」は、ファスト・フードの定番と言ってもいいでしょう。例の「細長く切って油で揚げたジャガイモのこと」です。「ポテト・フライ」という人もいます。ところが、「フライド・ポテト」も「ポテト・フライ」も和製英語だということをご存じですか？ちなみに、fried potato というと、「揚げたジャガイモ１個」のことです。日本語の「フライド・ポテト」は元々、フランス料理の付け合わせとして使われていました。これがアメリカで広まった時、フランスから来たので French fried potatoes と呼ばれるようになったのです。英語では一般に、French fries（常に複数形で使う）と言い、単に fries とも呼ばれます。イギリスでは、(potato) chips と呼ぶのが一般的です。

　The French fries at this restaurant are great.
　（このレストランのフライド・ポテト、とっても美味しいわよ）
　One Big Mac, a medium French fries, and a small Coke, please.
　（ビッグマック１つにフライド・ポテトのＭ（中）１

つ、それにコーラのＳ（小）を１つ、お願いします）
などと使われます。
　ちなみに、日本人はフライド・ポテトに塩、コショウ
をかけるのが普通ですが、アメリカ人はケチャップ
(ketchup / catchup) を付けて食べます。「所変われば、
品変わる」（諺：So many countries, so many customs.）
ですね。

# 「プラス・アルファ」と plus x

　我われ日本人がよく口にする「プラス・アルファ」というコトバは、実は、単なる plus と alpha を組み合わせた和製英語にすぎません。plus alpha と言っても、ネイティブにはチンプンカンプンです。あまり数学が得意でない人は、何かしら数学のことだと勘違いして、その場を立ち去らないとも限りません。

　では、英語では何と？　plus x とか plus something、あるいは (and) a little something extra と言います。英語のアルファベットの x には、「未知のもの、不確定要素」という意があることから、plus "x" が使われるようになったそうです。たとえば、「彼女がもっといい歌手になるには、プラス・アルファが必要だね」は、

　She needs plus x to be a better singer.

と表現します。ただし、今日では、

　She needs plus (a little) something extra to be a better
　singer.

と plus something extra と表現するほうが一般的なようです。

　ちなみに、日本語で "x"（エックス）でなく「アル

ファ」と言うようになったのは、日本人が筆記体の x
を "α" と見間違えたためだそうです。

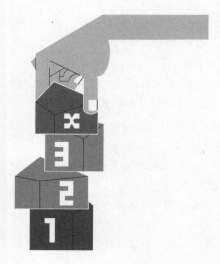

## 「フリーダイヤル」と toll-free call

　日本では、0120- で始まる「フリーダイヤル（無料通話）」は、無料でかけられるので、重宝されています。これは、free「ただの、無料の」と「電話をかける、ダイアルする」の dial を組み合わせたものです。ところが、残念ながら dial には「通話」の意がないので、この組み合わせは英語としてはアウトです。

　英語では toll-free と言います。toll は「使用料、通行料（金）」を意味します。たとえば、

This is a toll-free call, so it won't cost me anything.

（これはフリーダイヤルだから、料金はかからないよ）などと使われます。この toll-free、イギリスでは free-phone と呼ばれます。

　ちなみに、アメリカのフリーダイヤルは、1-800 で始めます。

## 「ペーパー・テスト」と written test

　日本人は学校での「筆記試験」のことを「ペーパー・テスト」と呼びますが、この意味ではこの英語は正しいとは言えません。この意味で、と言ったのは、paper test は元来、製紙工場などで行う「紙（質）の検査」を指すレッキとした英語だからです。しかし、「筆記試験」をなぜペーパー・テストと言うようになったのか、筆者には不明です。では、「筆記試験」のことは、英語で何と言うのでしょうか？　実際に筆記用具を使って「書くテスト」ですから、文字どおり written test と言います。理屈に合っていますね。

# 「ペーパー・ドライバー」と Sunday driver

　運転免許証は持っているけれど、ほとんど、あるいは滅多に運転しない人が結構います。日本語では、そういう人のことを「ペーパー・ドライバー」と呼びます。もちろん、英語圏にも、運転免許証を持ちながら、ほとんど運転しない人がいます。が、英語では、そういう人をpaper driver とは呼びません。paper driver は和製英語なのです。では、「ペーパー・ドライバー」のことを英語では何と言うのでしょうか？　残念ながら、この日本語にピッタリの英語はありません。強いて言うとすれば、Sunday driver です。Sunday driver は元々、日曜日にしか運転しない人のことですが、「たまにしか運転しない（危なっかしい）ドライバー」にも使われます。たとえば、

　A: Aunt Mary, don't you drive?

　（メアリーおばさん、車は運転しないの？）

　B: No. I am a Sunday driver.

　（ええ、私、ペーパー・ドライバーなの）

のように使われます。また、

　I'm a driver on paper only.

I'm a driver in name.

といっても通じます。他には、

　　I have a driver's license but I never drive.

と説明的に表現することもできます。

# 「ボディ・チェック」と security check

2001 年 9 月 11 日の「アメリカ同時多発テロ」以来、世界各国の空港において、ハイジャック防止のため、刃物、銃器、危険な薬品等を所持していないかどうかのチェック、つまり「ボディ・チェック」が厳しくなったのは、ご存じの通りです。では、「ボディ・チェック」は日本語の「身体検査」を意味するのでしょうか？　いいえ、小・中学校で受ける「身体検査」は、physical check-up と言います。ただし、英語の body check は、アイスホッケー用語で、体当たりで相手の動きを阻止することを指します。

では、空港での「ボディ・チェック」を意味する英語は？　security check です。これは、身につけている物の検査と手荷物の検査の両方を指します。たとえば、「空港では 3 度もボディ・チェックを受けなければならなかった」は、

I had to undergo a security check three times at the airport.

などと表現します。

ちなみに、「（衣服の上からの）所持品検査」は frisk

とか body search です。frisk には動詞もあり、

　The officer frisked us and let us go.

　（係官は我々の所持品検査をし、行ってよいと告げた）

などと使われます。

# 「ホッチキス」と stapler

　日本語の「ホッチキス」という紙を留める、あの便利な文具は、巷間伝えるところによれば、考案者とされる Hotchkiss の名からの商標名が普通名詞化した言葉です。売り出した会社は Hotchkiss and Company とのことですが、確証はありません。この文具、英語では stapler と言います。ホッチキスの針は staple、使用前の針がつながったものは a strip of staples です。staple は「ホッチキスで留める」という意の動詞としても使われます。たとえば、

　A: Bill, staple your paper before you submit it.
　（ビル、リポートは提出前にホッチキスで留めなさいよ）
　B: Yeah, I know.
　（うん、わかってるよ）
のように使われます。

# 「ボールペン」と ballpoint pen

　ペンの先に回転する小さなボール（球）が入っていて、回転することでインクがしみ出る仕組みの「ボールペン」は、今日、日常生活に欠かせない文房具の１つになりました。この「ボールペン」のことを、英語で ball pen というのはマレです。アメリカでは一般に ballpoint pen、イギリスでは Biro（商標名より）と呼ばれます。たとえば、

　A: Don't write here with a ballpoint pen, Linda.

　（リンダ、ここにはボールペンで書かないで）

　B: Why not?

　（どうして？）

　A: Because you can't erase them when you make mistakes.

　（間違って書いた時に、消せないからよ）

のように使われます。

　ちなみに、「シャープペン（シル）」は mechanical pen と言います。

# 「モーニング・コール」と wake-up call

　海外への出張や旅行では、長いフライトで疲れていることに加え、時差の関係もあって、予定の時間に目が覚めるかどうか自信がない時があります。そんな場合、ホテルのフロントに、モーニング・コールをお願いすることになります。ところが、この「モーニング・コール」、英語ではなく、和製英語だと言うと、驚かれる方もおられるでしょう。英語では wake-up call と言います。たとえば、

Could you give me a wake-up call at 6 tomorrow (morning), please.

（明朝 6 時にモーニング・コールをお願いします）

などと使われます。

# 「モーニング・サーヴィス」とbreakfast special

　日本では、一人暮らしの社会人や大学生に人気があるのがコーヒー・ショップなどでの「モーニング・サーヴィス」です。ところが、英語のmorning service は、食べられません。ホテルで Morning service, please. と言うと、神父さんを呼ばれないとも限りません。というのは、英語の service には「奉仕、礼拝」という意があり、morning service は「（教会などでの）朝の礼拝」を意味するからです。

　日本の「モーニング・サーヴィス」に相当する英語は、breakfast special です。たとえば、

　　Two breakfast specials, please.

　（モーニング・サーヴィス2つ、お願いします）
などと使われます。

　ちなみに、英米人は、「朝食」に何を食べるか、ご存じですか？　アメリカ人は一般に、果物ジュース（かミルク）かフルーツ（バナナ、リンゴ、グレープ・フルーツなど）、シリアル（コーン・フレークなどの穀類の加工食品）、卵料理（目玉焼き、スクランブル・エッグ、ゆで玉子など）に、ベーコンかハム、ソーセージを1種

類、さらにトースト（時には、ホット・ケーキとかフレンチ・トーストなど）とコーヒーか紅茶です。一方、イギリス人は、シリアル、果物ジュース、焼きトマトにベーコンかソーセージ、さらに卵料理とトーストに紅茶です。これに、ハムやチーズが加わることもあります。いずれも、結構なボリュームです。

# 「レジ（係）」と cashier / checker

　スーパーやレストランで客が支払いをする場所（レジ、カウンター）やそこの係員のことを、日本語では「レジ（係）」と言いますね。これは register（レジスター）の略です。ところが、英語の register は「記録」という意で、cash register は「金銭登録器」そのものを指すのです。したがって、日本語の「レジ」は、客の支払いを担当する人ではないことになります。

　では、「レジ係（員）」に相当する英語は？　cashier とか checker です。たとえば、

　My wife works as a cashier at a supermarket.

　（妻はスーパーのレジをしています）

などと使われます。ちなみに、スーパーの「レジ」の場所、つまり「勘定台」は、checkout (counter) と言います。そのため、「今日はレジが込んでるね」は、

　There are long lines at the checkout counters today.

と表現します。

# 「レジャー」と leisure

　日本語の「レジャー」は、余暇を利用しての遊びや行楽のことを指します。ところが、英語の leisure には、このような意味はありません。leisure は「余暇、ゆとり」、つまり「仕事などから解放された暇な時間」という意だからです。したがって、「娯楽」を意味する日本語の「レジャー」とは必ずしも一致せず、ずれがあります。日本語の「レジャー、遊び」のような「娯楽」は、英語では recreation とか amusement と言います。

# 「ワイシャツ」と white shirt

「Tシャツ」は袖を広げると英語のTの字に似ていることから、こう呼ばれていることはご存じですね。では、「Yシャツ」はYの字でないのに、なぜ「ワイシャツ」と呼ばれるのでしょうか？　これは英語の white shirt（白いシャツ）からで、英語の音を聞こえたとおりに発音すると、「ワイシャツ」に近い音になるからです。つまり、[(h)wáit] の [h] を発音しないことが多く、また語尾の [t] 音も弱く発音されるので、聞き取れないことが多いのです。さらに、日本人の多くが shirt の語尾に余分な [s] をつけて「ツ」と発音することにもよります。日本語には子音で終わる語がなく、英語を発音する場合にも、子音に母音をつけて発音する傾向にあります。このため、日本人には white shirt が「ワイシャツ」と聞こえ、聞こえたとおりに発音するようになったのです。したがって、当然これは、カタカナ語です。というわけで、書く時も、「Tシャツ」のように、単なる白いシャツを「Yシャツ」と書いてはいけないことがお分かりいただけると思います。

　ところで、この white には綴りと発音にもずれがあり

ます。つまり、wh の発音は綴りと反対の［hw］だった
のです。なぜ？　実は、元々発音どおり［hw］だった
のですが、13 世紀半ば、hw は見た目がよくないという
理由で、wh- に変わったのです。このため、wh- 疑問詞
も、現在の wh- の綴りになったという経緯があります。

　話は逸れましたが、最近では、ピンクやライト・ブル
ー、黄色のシャツも出回っていますね。白いシャツを買
う時に「白いワイシャツ」と、同じ意味の語を重ねて用
いる珍しい言語現象が起こっているのも事実です。この
ことを、言語学的には「重言」と言います。「後の後
悔」「馬から落ちて落馬する」などは、「重言」の典型的
な例です。また、ピンクのワイシャツ、ブルーのワイシ
ャツなどというのもヘンなことです。ちなみに、男性の
礼装用・ビジネス用の白いシャツは、英語では dress
shirt と言います。たとえば商店で、

　A: Do you carry dress shirts here?

　（ここで、ワイシャツは扱っていますか？）

　B: Yes. They are over there.

　（ええ、あちらにありますよ）

などと使われます。

# 「ワンルーム・マンション」とone-room apartment

　日本では、「ワンルーム・マンション」は独身サラリーマンや学生に人気の高い住まいです。しかし、英語のmansionという語は、部屋数が20～30もあるような「大邸宅、豪邸」を指します。日本の「マンション」に相当するのは、実態からすると、《米》ではapartment、《英》ではflatです。一般に分譲マンションはcondominium（condoと略されることが多い）です。したがって、わずか一部屋の「マンション」などというものはこの世に存在しません。日本語の「ワンルーム・マンション」には、one-room [studio] apartmentが適切です。

　ちなみに、日本では部屋数を2LDKとか3LDKとLDKやDKをつけて表示しますが、英米では3BDとか4BD（BDはbedroom(s)の略）のように、ベッド・ルームの数で表示します。英米には一般にL(iving)やD(ining room)、K(itchen)が付いていないアパートが存在しないので、わざわざそのことを表示する必要がないからです。また、日本の住宅事情を反映して生まれた台所兼食堂の「ダイニング・キッチン」という表現も存在しません。これも和製英語です。

第3章

色・動物・食べ物の
イメージ

日本語でも英語でも、物事を印象強く、かつ分かりやすく表現するために比喩表現を使ったり、露骨にならないように穏やかな婉曲表現を使ったりすることがよくあります。つまり、一見すると易しそうな英単語を組み合わせたイディオム（慣用句）は、しばしば、字面から全く見当もつかないような使われ方をします。たとえば、have a green thumb（緑の親指をもつ）は「園芸の才がある」を意味します。また、cow college とは「牛の大学」ではなく、牛が放牧されているような田園地帯にある「田舎大学」のことです。さらに、die like a dog（犬のように死ぬ）は「みじめな死に方をする」を意味し、eat like a horse（馬のように食べる）は「大食いする」を意味します。

　上に挙げたいくつかの例のように、易しい単語が2～5個組み合わさった英語のイディオムは、単語のもとの意味とはかなり異なり、「外国語としての英語」を学習をする者には決して理解が容易ではありません。もちろん、これらのイディオムは日常会話で頻繁に使われ、表現を豊富にしているのも事実ですが……。

　言語と生活文化には切っても切れない密接な関係があ

ります。当然、文化が異なれば色彩や動物、食べ物に対するイメージも表現も異なります。本章では、特に「色」「動物」さらに「食べ物」がもつイメージとそれらを使った、生き生きとした英語表現を紹介します。

## 色を使った表現いろいろ

「色」のイメージは、民族や文化、言語によって異なります。当然、色彩語を使った表現とその意味も異なります。

たとえば、日本語には「彼はまだ青二才だ」という表現があります。これを、He is still blue, two years old. と英訳しても意味は伝わりません。英語では、He is still green. と表現します。ここで明らかなのは、「未熟な」を意味して日本語では「青」を、英語では green を使うということです。

日本語には色彩語を使った日本語独特の表現があり、直訳では意味をなさない表現があります。たとえば、「赤い糸で結ばれている」「灰色の人生」「黄色い声」などです。同じように、英語で色彩語を使ったものもあります。black mail、green eye、white elephant、yellow journalism などです。字面だけからでは判断できない表現がたくさんあります。

このように、日本語・英語ともに、色彩語を使った表現は数多くあります。それらの表現がもつ意味は、興味深いものばかりです。このセクションでは、これらの色彩語のイメージと、色彩語を使った表現を紹介します。

## 「青色」と blue

　日本語の「青」は、「冷静、平静／青春、若々しさ、青二才、未熟、未経験」をイメージさせます。他方、英語の blue は「最優秀（賞）／高貴、名誉／一流、名門／知性／敬虔、希望、誠実、永遠／海、空／惑わし、憂鬱、陰気、悲しみ／猥褻、俗悪、下品」をイメージさせます。

　日本語の「青」は、「青春、青二才」など「若々しさのシンボル」とされており、「未熟、未経験」など「明るい未来」を感じさせます。ただし、日本語で「未熟」をイメージする「青」は、英語では往々にして green を使って表現されます。そればかりか、「草木」の「青」も「信号」の「青」も、英語では green を使って、green grass、green light などと表現されます。また青物（野菜）も greens（複数形）といいます。

　さらに、英語の blue は、特にキリスト教圏では、「敬虔、希望、誠実」を意味する反面、「憂鬱、陰気」などマイナス・イメージもあります。blue にはまた、《英》で「一流、知性」などプラスのイメージがある反面、《米》で wear the blue「身分の低い」というマイナス・

イメージもあり、《英》と《米》でイメージがまったく反対になるのも面白いことです。

　ところで、blue は「憂鬱な」気分を表すことから、アメリカ南部では the blues「黒人霊歌」、つまり「ブルース」が生まれました。「重い気分」を意味する the blues を使用したイディオムには、be in the blues「気がふさいでいる」、get the blues「気が滅入る」、have the blues「元気がない」などがあります。

　もちろん、マイナス・イメージばかりではありません。メーテルリンクの詩劇 *The Blue Bird*『青い鳥』に出てくる blue bird は「幸福をもたらす青い鳥」で、「幸福のシンボル」とされています。blue-chip（優秀、一流）もプラスのイメージです。さらに、「知の殿堂」である大学のスクール・カラーも青系統が多いようです。イギリスの名門オックスフォード大学は dark blue「濃紺」を、アメリカの名門イェール大学は azure blue「群青色」をスクール・カラーにしていて、この点でも blue は、「一流、優秀、知性」などのプラス・イメージがあります。

　話は変わりますが、日本人が「猥褻、エロっぽい」をイメージする色は「ピンク」ですね。ところが、「猥褻、俗悪、下品」をイメージする英語は「ピンク」ではなく blue です。その代表は、blue film [movie]（エロ映画、

ポルノ映画、ピンク映画）で、「アダルト・ビデオ、裏ビデオ、エッチ・ビデオ」もこれに当てはまります。blue が「猥褻な」という意味をもつに至ったのは、その昔、パリ（一説によると、ニューヨーク）の売春婦がいつも青色のドレスを着ていたからという説がありますが、真偽のほどはわかりません。

　日本語の「青」を使った表現を１つ２つ挙げましょう。「青い目の男の子」は文字通り a blue-eyed boy と言います。しかし、この英語は《英口語》では、「お気に入りの青年、秘蔵っ子」という意です。また、日本でも長年問題になっている「青空駐車」は (illegal) roadside〔outdoor〕parking で、「この町には青空駐車をする人が多いね」は、

Many people park their cars outdoors.

と表現します。

　ただし、日本語の「青空駐車」は、近年、「ガレージや屋根のない野ざらし状態の駐車」の意で使われるようになっています。

　ちなみに、日本語の「顔色が青白い」の「青」は、blue でなく pale です。「今日は青白い顔をしているけど、どうしたの？」は、

You look pale today.  What's the matter?

です。また、「彼女は恐怖で顔色が真っ青だ」は、

    Her face is (as) white as a sheet.

と表現します。ここでは、blue ではなく white が使われます。「恐怖」が、日本語では「青」で、英語では white で表されるのは興味深いことです。

# 「赤色」と red

　日本語の「赤」のイメージは「情熱、熱血、革命、強さ、愛、勇気／激怒、危険」ですが、英語の red は「情熱、幸福、愛、勇気／危険、過激／怒り／戦争、革命、流血／左翼系／赤字」をイメージさせます。一部のイメージは日本語と英語で共通していますね。

　red は「血、炎」の色から、しばしば「情熱、危険、過激、怒り」をイメージさせます。フランス革命では「赤旗」が革命のシンボル旗とされたことから、red が「革命、左翼系」をイメージさせるようになったのです。red が「共産党員、共産主義者」を、red flag は「革命旗」を、さらに red baiting が「赤狩り」を意味するようになったとされています。

　他にも、red を使った表現が数多くあります。(as) red as blood は「真っ赤な・に」を、red-blooded は「精力旺盛な、元気いっぱいの、暴力ものの、（小説などが）流血の」を意味します。また、red face は（酔っ払って顔が赤くなった状態）ではなく、「当惑した状態、怒って顔を赤くした状態、恥ずかしさで赤面した状態」を意味します。形容詞の red-faced は「（当惑や怒りで）

赤面した」ですが、red in the face（顔が赤い）は、「バツが悪い」という意です。turn［flush］red with anger は「真っ赤になって怒る」という意で、「彼の顔は怒りで真っ赤だ」は、

　His face is red with anger.

と表現します。日本語の「赤」と英語の red はほぼ同じイメージを表し、日本語と英語にあまりずれはないようです。

　ただし、「赤」にはマイナスのイメージもあります。red tag は「赤札」のことですが、特に不良品に赤札が貼られることから、「不良品、粗悪品」を意味します。

　日本語の「赤」を使った表現も少なくありません。私たちの運命は生まれる前から決まっているのでしょうか？「赤い糸で結ばれている」は be destined for each other です。全く面識のない人を意味する「赤の他人」は a total［complete］stranger です（イギリスでは a black stranger と言うこともあります）。

　また、「赤鼻」は文字どおりには a red nose ですが、「酒焼けした赤鼻」は a drinker's nose とか a whisky nose と表現します。まさに言い得て妙です。俗受けを狙って売り出す低俗な内容（体裁も含めて）の「赤本」は、pulp fiction と言います。同名の映画をご覧になっ

た方もいらっしゃることでしょう。cheap fiction とも言います。さらに、「真っ赤な嘘」は a downright lie、a barefaced lie、an outright lie、「真っ赤な偽物」は an out-and-out imitation です。日本語では「赤」を使いますが、英語では red を使って訳せない表現も少なくないようです。

# 「黄色」と yellow

　日本語の「黄色」のイメージは「高貴、快活、明るさ、注意、危険」です。他方、英語の yellow は「平和、知性／臆病(おくびょう)な、卑怯(ひきょう)な／嫉妬深い、疑い深い／移り気／扇情的、注意」をイメージさせます。

「赤」が危険を示す色に対して、「黄色」は予測される危険を警告する色です。交通信号をはじめ、日本でも幼児・児童の雨具や帽子には黄色が採用されています。ただし、交通信号の「黄色」は、アメリカでは yellow が、イギリスでは amber「こはく色」が使われています。

　日本語の「黄色」にはそれほど強いマイナス・イメージはありませんが、英語の yellow にプラスのイメージがあまりないのは面白いことです。yellow は元々、古代ローマでは高貴な人のシンボルであり、古代中国やインドでも皇帝の色で、高貴な色とされていたことから、「愛、平和、知性」をイメージする色でした。ところが、yellow にマイナス・イメージがつくキッカケになったのは、キリストを裏切ったユダが着ていた衣服がたまたま黄色だったことに由来します。そのため、yellow は、「卑怯、精神の退廃」など好ましくないイメージをもつ

188

ようになり、今日でも、最低・最悪の色とされています。

　また、yellow には「嫉妬、扇情的」のほか、「浮気者」、さらに「臆病者」などの意もあります。たとえば、

　Bill is a yellow-bellied guy.

（ビルは臆病だよ）

などと使われます。yellow のマイナス・イメージは、何と言っても yellow journalism「扇情的なジャーナリズム、扇情的報道、暴露的な報道・姿勢」でしょう。スキャンダルなどを仰々しく書き立てる新聞・雑誌類、あるいはセンセーショナルで興味本位の記事が売り物の新聞・雑誌を総称して、このように呼びます。

　このように、yellow はマイナス・イメージの強い語と言わざるを得ません。また、表面が黄色い果物にもマイナス・イメージがあります。その1つは banana で、「肌の色は黄色でも考え方が白人に似ている日本人」、つまり「白人になりきれない日系人」を揶揄した表現です。もう1つは、黄色い lemon で、「ポンコツ車、不良品、ブス（女）」の比喩として使われます。yellow には全くいいとこなしです。

　日本語の「黄色」を使った表現を挙げましょう。「黄色い声をあげる」は、yell in a shrill ［squeaky］ voice とか scream in excitement と表現します。また、未熟なこ

とを意味する「嘴の黄色い」は、green という色彩語
を使います。young and inexperienced と表現すること
もできます。

# 「金色」と gold / golden

　日本語の「金色」のイメージは「優雅、気品、高価」
ですが、英語の gold のイメージは「高貴、美、純潔、
金製（の）、金色の」です。

　通例、golden は比喩的に「金色の、金のように貴重
な」の意味で用いられますが、「貴重な、高価な、（機会
などが）絶好の、前途有望な、みごとな、幸せな」をイ
メージさせます。他方、日本語の「金（色）」のイメー
ジは、「金色に輝く、絢爛（けんらん）たる、金のように貴重な」で
す。「金色」と gold、golden のイメージは、日本語と英
語でかなり類似しているようです。

　では、例を見てみましょう。英語の (as) good as gold
は《口語》「とても親切な、（子ども・動物が）とてもお
となしい、行儀のよい、人間性が信頼できる」という意
で、

　She is as good as gold for us.
　（彼女は我が社にとってとても貴重な存在です）
などと使われます。「（人・物が）非常に貴重な、千金に
値する」を意味する英語は、be worth one's［its］
weight in gold です。

gold star「ゴールド・スター」という表現もあります。学校で優秀な答案やリポートに与えられる金色の星形シールのことです。アメリカでは戦死者を意味する金星を表すこともあります。いずれも、業績を讃えて「褒美」として与えられるものです。

　では、日本語での「金（色）」を使った表現はどうでしょうか？「金髪」は blond(e) hair です。制服の「金ボタン」は、その材質を直接表した a brass button です。少し変わったところでは、「金字塔（を打ち建てる）」があります。英語では、(make) a monumental landmark と言います。ちなみに、「金字塔」とは、ピラミッドのことで、比喩的に「（後世に残るような）素晴らしい業績、不滅の業績」を意味します。

　golden は比喩的に「金色の、金のように貴重な」の意味で用いられます。また、「太陽、髪」などの「金色」も golden で表します。golden hair が「金髪」を意味することもありますが、「金髪」は一般に blond(s) で、gold hair とは言いません。

　golden handshake は、「（早期退職を促すための）肩たたき」、転じて「高額退職金」を意味します。反対の「（優秀な社員を確保するために支払われる）高額の入社支度金」は《口語》golden hello です。日本語よりもシ

ャレた感じの表現です。

　goldenと動物を組み合わせた表現に、golden goose
があります。ご存じの『イソップ物語』(Aesop's Fables)
に登場する「金の卵を生むガチョウ」(The Goose With
the Golden Eggs) のことです。ガチョウの飼い主が、一
日1個の卵では満足できず、一挙にたくさんの卵を得よ
うとして、そのガチョウを殺してしまったことから、
golden goose が「富を生むもの」の代名詞として使われ
るようになったのです。『イソップ物語』はもともと、
ギリシャで作られた寓話集です。

　goldenを使った他の表現には、golden key「鼻薬、賄
賂」、golden oldie「懐かしい歌・映画、なつメロ」、
golden opportunity「絶好の機会、またとないチャン
ス」などがあります。

　日本の「ゴールデン・ウィーク」は日本独特のもので、
和製英語です。外国人には holiday week とか Golden
Week holidays と説明する必要があります。文字にする
場合には 'Golden Week' holidays と引用符をつけると、
ネイティブにはわかりやすいでしょう。

　いずれにしても、gold も golden もともに、プラス・
イメージをもつ色彩語です。

## 「黒色」と black

　日本語の「黒」のイメージは、「高貴、黒字、眠り、邪悪」です。他方、英語の black は「正装、黒字、優雅／死、不吉、悲しみ、陰気、悲惨／暗黒、邪悪／不名誉／陰気／敗北、失望」をイメージさせます。

　「黒」も black も「陰気、悲しみ、邪悪」など圧倒的にマイナス・イメージの強い語で、日本語と英語ともにまるで「悪の代名詞」のような存在です。ところが、「黒」や black には「高貴、優雅」などプラスのイメージもあります。金銭面での（収支のバランスが）プラスのことを「黒字」と言いますね。英語でも、be in the black は「（商売が）黒字である、儲かっている」という意です。

　珍しいことに、日本語の「緑の黒髪」は、英語の比喩表現 (as) black as a raven ［coal］（真っ黒な）と意味がとても似ています。raven「ワタリガラス」は黒くつやのある羽色をしているため、日本語の「カラスの濡れ羽色」や「緑の黒髪」にピッタリと言えます。この点では、日本語と英語にずれがないようです。

　また、パスポートや免許証などの顔写真で、日本人な

どの「黒みがかった目」の色は一般に、black ではなく brown で表記されます。black eyes と言うと、「（殴られたりして）目のまわりが黒いアザになっている」状態を指します。「黒い瞳」ではありません。

また、look black（顔が黒くなる）は、日本語の「真っ赤になって怒る」に相当します。同じく、black lie（悪意を含んだ嘘、大嘘）は、日本語の「真っ赤な嘘」に近い意味を表します。いずれも、英語の black が日本語では「赤」と表現されるのは、面白いことです。

black dog（黒い犬）は、「憂鬱、不機嫌、意気消沈」を意味し、under the black dog は「（気が）ふさぎ込んで」を意味します。また、black ox（黒い雄牛）は「不幸」のシンボルとされています。

日本語では、「（犯罪を犯した）容疑がある」という意に「黒（い）」を使いますが、英語では guilty です。「あいつはきっとクロだよ」は、

I'm sure that guy is guilty.

と表現し、black は使われません。

いずれにしても、「黒」と black は、多くの場合、「暗い、陰気な」という意で、両言語でかなりマイナス・イメージが重なっていることに違いはないようです。

# 「白色」と white

　日本語の「白」は「清潔、清純、潔白、新鮮、無邪気」をイメージさせますが、英語の white のイメージは「高潔、潔白、無邪気／正直、公正、平和／死、幽霊、恐怖、降参」です。

　「黒」の反対の「白」は「純潔、潔白、真実、正直」という明るいイメージですが、英語の white も日本語の「白」と同じく、「精神や身体の潔白さ」を表します。「白」と white も、「黒」と black と同じく、日本語と英語でかなりイメージが重なっています。

　white が「正直」を意味することから、「彼はなかなか正直だね」は、

　That's very white of him.

と言えばバッチリです。また、国政選挙をはじめ各種選挙では、立候補者 (candidate) が白い手袋をはめ、白いタスキを掛けて街頭に立ったり、選挙カーから手を振ったりする姿をよく目にしますが、これは「白」が「正直、潔白」をイメージさせるからと考えられます。

　white の「純血、潔白、正直、平和」などプラス・イメージから、white day「縁起のよい日、吉日」という

表現が生まれています。他には、white flag「幸福・平和を表す白旗」、white wedding「純白の結婚式」もあります。最後の例は、花嫁が「純潔」を表す純白な衣装をまとう結婚式です。

white lie は「罪のない嘘、儀礼的な嘘、悪気・悪意のない嘘、人を傷つけない嘘」という意です。たとえば、雑談中に急に用事を思い出したふりをして中座する時の「言い訳としてつく嘘」などです。

日本語の「白」を使った表現を見てみましょう。「色白（肌の色が白い）」は a fair [light] complexion です。「白い肌」を white skin と言っても褒めことばにはなりません。また、「頭の中が白くなる」は go blank で、

My mind went blank at my teacher's question.

（先生の質問で頭の中が真っ白になっちゃったよ）
などと使われます。また、「白い目で見る」は look coldly on あるいは give someone an icy look です。「白バイの警官」は motorcycle cop と言います。英米では警官のバイクが白塗りとは限りませんので、white は使えません。また、「彼（の容疑）は白だ」の「白」は white ではなく、innocent です。「その容疑者は白と判明した」は、

The suspect was proven (to be) innocent.

と表現します。

# 「茶色」と brown

日本語の「茶色」のイメージは「上品、冷静」ですが、英語の brown のイメージは「憂鬱、退屈、謙虚、単純さ、健康、自然食、《俗語》男色、大便、肛門（中身の色から）」です。

brown の語源は、その体毛の色から bear「熊（クマ）」とされています。この brown には「深く考える、物思いにふける、退屈な」という意があり、in a brown study は「物思いにふけって、深く考え込んで（いる状態で）」を意味します。do it up brown は《俗語》で「物ごとを徹底的に追究する、完全に仕上げる」という意で使われます。

アメリカでは、生徒・学生、さらに主にブルー・カラーの人々は、昼食用のサンドイッチなどを茶色の紙袋に入れて持って行きます（ホワイト・カラーの人は主にレストランで昼食をとりますが）。この紙袋の色が、（スーパーなどでくれる）「茶色」か「褐色」なので、brown bag と呼ばれます。したがって、弁当持参の労働者を《俗語》で a brown bagger と言い、「安月給取り」をイメージします。また、brown-bagging は「（学校・会社

へ）弁当を持って行くこと」という意です。

　他の brown を使った表現には brown bottle flu（茶色のビンの流感）があります。「（ビールを飲んでの）二日酔い」という意です。つまり、ビールが元々茶色の瓶に入っていたことからです。が、もちろん、今では一般化して、ビールのみならず種々のアルコール飲料による「二日酔い」を指すようになりました。

　英語には、do something brown という表現もあります。「（特に、パンや肉を）こんがり焼く」という意です。日本語での「きつね色に焼く」に相当します。この表現は、《英俗語》で「（人を）うまく騙す、ペテンにかける」という意で使われます。焼くことによって「もとの色が変化する」、つまり「化ける」ことから、「騙す」という意に発展したものです。

　brown にはまた、《動詞》で「日焼けする、（パンなどを）キツネ色に焼く」という意もあります。日本語にも、「兄は外で働くので顔が茶褐色です」などと、「日焼け」にも使われますので、この意では日本語と英語にずれはないようです。

　日本語の「茶色」を使った表現にも「茶色の目」(brown eyes)、「うす茶色」(light brown)、「こげ茶色」(dark brown)、「茶色がかった」(brownish)、「茶色っぽい」

(brown-tinted)、「茶色っぽいサングラス」(brown-tinted sunglasses) などがあります。いずれも色そのものを示すため、英語でも brown で表されます。

## 「灰色」と gray

　日本語の「灰色」のイメージは「悲しみ、空虚、不安／白髪」ですが、英語の gray は「老練、老人、白髪、悲観、陰気、曇り空、苦難、寂しさ、病的な青白さ、不正、曖昧」をイメージさせます。

　gray（《英》では grey と綴ります）は、「灰色、曇り空」という空の色を連想させ、かつ「陰気」をイメージさせます。日本語でも「灰色」というと「陰気な」気分を表しますので、日本語と英語ともに、マイナス・イメージの強い語です。この語はしばしば、black を遠回しに表現する時にも使われます。

　英語の gray は「年老いた、老練な、古びた、昔からの」という意でも使われますが、gray haired「灰色の髪」、gray-headed「ゴマ塩頭」などの頭髪について表現すると、「年老いた」を意味します。このように、gray は、頭髪の色から「老人、高齢者」に対するイメージ・カラーとされています。この場合、日本語では「シルバー」を用いますが、これは和製英語ですので、英語としては通用しません。gray はまた、日本語の「銀色」に比べると孤独で暗いイメージがありますが、gray wisdom は「年の功」、gray power は「老人パワー、老人力、退職しても頑張る力」を意味します。

　gray hair は「白髪」という意ですが、転じて「苦労をかけること、心配」をも意味します。gray area という表現もあります。「(知識・情報の) 曖昧な領域、不透明な領域、中間領域」という意です。日本語の「グレー・ゾーン」に相当すると考えてよいでしょう。

　gray matter という表現もあり、「(脳や脊髄の) 灰白質 (brain tissue)」を意味します。また、脳みその色から、比喩で「知力、知能、知性、頭脳」をも意味します。

　My father told me to use my gray matter more.

　(父にもっと頭を使うように言われたよ)

などと使われます。反対の「頭の悪い連中」は people without any gray matter (脳みそのない人々) です。

　日本語の「灰色 (の)」には gray のほか dull も使われます。「ボクの学生時代は灰色だったよ」は、

　My school life was gray [dull; depressing].

と表現します。また、「灰色の人生を送る」は live a drab [dismal; dreary] life です。よくマスコミを賑わす「灰色高官」は、a government official who is under the cloud of suspicion [suspected of corruption] と表現します。やはり「暗い、曖昧な、不透明な」という意で、マ

イナス・イメージが拭い去れない色のようです。

# 「ピンク色」と pink

　日本語で「ピンク」と言えば、「エロチック、猥褻、卑猥、お色気の、性的な」をイメージすることがあります。ところが、英語の pink には「健康、活力、若さ、新鮮さ、希望、純真、派手な、左翼がかった、酔っ払った」をイメージさせ、日本語の「エッチな」というイメージはありません。

　英語の pink にもプラスとマイナスのイメージがあります。プラス・イメージは「活力、若さ、新鮮さ、希望」で、マイナス・イメージは「派手な、酔っ払った」です。「(思想が) 左翼がかった (人)、共産主義 (の人)」は、日本語では「赤」で表しますが、英語では赤より淡い pink (pinko と言うことも) で表します。また、英語の pink には、「ホモセクシャル、同性愛者、ゲイ」という意もあります。

　日本語の「ピンク」では「お色気の、ピンク映画、ピンク・サロン」など「エロチックな」ものを連想させますが、英語にはそのようなイメージは全くありません。すでに述べたとおり、英語で「卑猥な、エロチックな」を意味するのは、blue です。もちろん、「ピンク映画」

には、blue film、blue movie と blue が使われます。

　英語の pink は、「健康でピチピチした」という極めて健康な状態、最高の状態を意味します。したがって、pink は赤ん坊の肌を連想させ、「健康、活力、純真」など、プラスのイメージが強い色です。in the pink (of condition [health]) は「とても健康で、すごく元気で、絶好調で」という意です。また、to the pink は「健康で、元気で」など、「はつらつとした健康状態」を表します。

　pink で深刻なのは pink slip です。艶(なま)めかしい「ピンクの下着」ではありません。《米俗語》では「解雇通知(書)」を指します。たとえば、

If you make a mistake again, you will get the pink slip.
　（今度しくじったら、首だぞ）
などと使われます。給料袋に入れられた解雇通知の紙がピンク色だったことに由来します。

　日本語の「ピンク（色）」を使った表現には、「ピンク色の頬」(rosy cheeks)、「ピンクがかった色」(pinkish color) などがあります。

# 「緑色」と green

　日本語の「緑色」のイメージは「新鮮、永遠、平和、落ち着き」です。他方、英語の green は「新鮮、若さ、青春、活気、経験不足、未熟な、生意気な、羨望、嫉妬、恐怖、病気」をイメージさせます。

　日本語では一般に「青」と「緑」は区別して使われますが、元々は明確に区別されていなかったのです。その証拠に、今日でも、リンゴの青にも、空の青にも、「青」が使われます。ところが、英語ではそれぞれ、green apple、blue sky と区別して表現されます。「青二才」にあたる英語も、blue ではなく green です。

　英語の green には「新鮮さ」というニュアンスがあり、「未熟な、生意気な、経験不足の」という意があります。したがって、比喩として (as) green as grass は「世間知らずで、無知な」を意味します。「未熟な」から、「熟していない果物」や「熟成していない酒」などにも、それぞれ green fruit、green liquor と green が使われます。

　greenhouse は、まだ生育していない「(草木・花を育てる) 温室」です。be green は「未熟である」という意のほかに、「(経験不足のために) すぐに騙される」と

いう意もあり、

　Do you see any green in my eye?

　（私を騙せるとでも思ってるの？）

などと使われ、マイナス・イメージが強い語です。また、

　I am green with envy.

は「とても羨ましいわ」を意味しますが、日本語の「緑」にこの意味はありません。green を「嫉妬」の意で使ったのは、ウィリアム・シェークスピア (William Shakespeare: 1564-1616) が最初とされています。『オセロ』(Othello) に登場する green-eyed monster「緑の眼をした怪物」とは「嫉妬」のことで、『ベニスの商人』(The Merchant of Venice) にも green-eyed jealousy（緑の眼をした嫉妬）という表現があります。

　また、青信号は「前に進め」を表しますので、give the green light は「許可を出す、承諾する、ゴーサインを出す」、get the green light は「ゴーサインをもらう」という意味です。この場合も、当然、blue (light) は使われません。つまり、日本語の「青」は、

　The light went green.

　（信号が青になった）

のように、広義では「緑」を含み、green ∩「青」という関係が成り立ちます。

green は「喜び、若さ、新鮮さ」を象徴する反面、特に北欧では、身体にかかわる緑は一般に縁起が悪い色、不吉な色とされていて、

　Nothing green for a wedding day.

　（結婚式の日に緑［色］は禁物）

という表現もあるほどです。

　green が「環境」を意味することからか、響きがいいからか、あるいは新鮮なイメージがあるからか、日本人は green を使った表現を好むようです。「グリーン・ライフ」（建設会社の宣伝文句）、「グリーン・ステージ」（野外コンサート場）、「グリーン・バンク」（多くの自治体が行っている樹木の苗を配布する制度）など枚挙に暇がありません。読者の身近なところにも、「グリーン・〜」がたくさんあるはずです。ところが、これらの多くは和製英語で、英語としては通用しません。ただし、「地球・環境にやさしい排ガスの少ない低公害車」を意味する green car は、正しい英語です。

　日本語の「緑（色）」を使った表現には、日本の国民の祝日である「みどりの日」（Greenery Day：5月4日）、「緑鮮やかな芝生」（fresh green lawns）があり、いずれも green を使います。ただし、「緑したたる5月」は the month of May with its fresh verdure と表現します。

# 「紫色」と purple ／ violet

　日本語の「紫色」のイメージは「高貴、優雅、貞節、上品、古風」です。他方、英語の purple は「貴族、王侯、高貴、華麗、軽蔑、俗悪」をイメージさせます。同義の violet より濃く赤みが強い色です。

　purple は、古代ローマでは皇帝と元老院議員のみが着用できたとされる衣服の色であったため、「高貴、豪華」をイメージさせるようになりました。そこから、be born in the purple「王家に生まれる、高貴な家に生まれる」、marry into the purple「王家（貴族）に嫁ぐ、玉の輿に乗る」などの表現が生まれました。日本でも「紫」は平安期の古典的な紫であり、皇室を連想させます。「紫」も purple も、「高貴な色」とされている点では、日本語と英語にイメージのずれはないようです。しかし、英語の purple には、「軽蔑、俗悪」というマイナス・イメージもあります。

　日本語の「紫色」を使った「（唇などが）紫色になる」は turn blue［purple］、「紫キャベツ」は red cabbage、「紫水晶」は amethyst です。

## 動物を使った「かわいいコトバ」

「色」のイメージと同じく、動物のイメージも民族や文化、言語によって異なります。たとえば、日本では、「犬」は「忠犬ハチ公」に代表されるように、「忠実な動物」というイメージが強いようです。しかし、英語のdog は、a dead dog「何の役にも立たない人」、lead [live] a dog's life「みじめな暮らしをする」など強いマイナス・イメージがあります。したがって、英語に現れる「犬」は、決してプラス・イメージではありません。

また、英語には eat like a horse「大食いをする」、eat like a bird「とても小食である」、smell a rat「うさんくさく思う」のように動物を使った比喩表現も数多くあります。

したがって、日本語での動物に対するイメージをそのまま英語で言い換えても、ストレートに伝わらないばかりか、意味が大きくずれて、誤解を生む原因になることも少なくありません。このセクションでは、日本と英語圏における動物に対するイメージの違いや、動物を使った「かわいいコトバ」を紹介します。

# 「犬」と dog

「犬」は日本でも英語圏でも、昔から、人間とは切っても切れない密接な関係にあります。英語圏では、「犬は人間にとっての最良の友」(A dog is man's best friend.) として親しまれています。一方、日本では、犬は「忠実な動物」とのイメージが強く、西洋でも「犬は忠実」の象徴とされていて、日本人が「犬」に対して抱くイメージと似ている部分もあります。

　飼い主と犬との関係で言えば、日本では、「友人関係」ではなく、上司と部下という「主・従関係」の感が否めませんでした。しかし、最近では、ペットブームで、英語圏の犬と同様、「友人関係」「家族の一員」と見なされつつあります。最近、英語圏では一般に、pet ではなく、companion animal が使われるようになりました。

　にもかかわらず、犬を使った表現に関して言えば、日・英語ともにマイナス・イメージのものも多くあります。日本語では「犬死にする、犬畜生」などの表現があります。英語でも、野良犬を連想するせいか、「最良の友」とは程遠く、犬にとってよろしくない表現が数多くあります。

英語の dog には《俗語》で「野郎、卑劣な男、見下げたやつ、魅力のない女」という意があります。Don't be a dog! は「卑怯なマネはよせ！」です。また、dog は修飾語を伴って「（〜な）やつ」の意になり、He is a lucky dog.「彼は幸運なやつだな」などと使われます。

　dog's life は、（犬の生活）ではなく、「みじめな生活、苦労の多い人生」で、lead a dog's life は「みじめな暮らしをする」という意です。反対は、lead a happy life です。さらに、die like a dog(＝die a dog's death) は「みじめな死に方をする」を意味します。意味の似ている日本語の「犬死にする」は die in vain［for nothing］です。treat someone like a dog は《口語》で「（人を）ひどく扱う、ひどい目に遭わす」という意になります。

　go to the dogs （犬のところへ行く）は「犬のエサになる」、つまり「落ちぶれる、破滅する」という意で、work like a dog は「なりふりかまわず働く、汗水たらして働く」、throw ~ to the dogs は「〜を浪費する、〜を（くだらぬものとして）投げ捨てる」という意です。a dog in the manger という表現もあります。「（自分が必要としていない物でも他人には使わせない）意地悪な人」を意味します。このイディオムは『イソップ物語』の「飼い葉桶の中の犬」(Dog in the Manger) に出てく

る、自分は牧草など食べないくせに、牛の飼い葉桶に入り込んで寝床として使い、牛が戻ってきて干し草を食べようとして近づいても、邪魔をして食べさせない意地悪な犬に由来しています。たとえば、

John is a dog in the manger. He doesn't lend me any money even though he's got a lot of it.

（ジョンは意地悪だよ。大金持っているのに、一円も貸してくれないんだ）

などと使われます。

犬を使った諺やイディオムには、犬にとって嬉しくない表現が多くあります。

「犬」は日本語でもあまりいい意味では使われないようです。警察のスパイを「イヌ」と言うことがありますが、《米俗語》では a stool pigeon ［a police spy; a plant］、《英俗語》では nark です。ただし、「警察犬」は文字どおり police dog と言います。さらに、日本語の諺「夫婦げんかは犬も食わぬ」は、

A fight between a married couple is best ignored by everyone else.

で、dog は使われません。このように、日本と英語圏とでは、同じ動物に対して抱くイメージにも、似ている部分と異なる部分があり、面白いですね。

# 「ウサギ」と rabbit / hare

　日本語の「ウサギ」に相当する英語には rabbit と
hare があります。rabbit は、一般の「飼いウサギ（家ウ
サギ）」のことで、小型で足が短く、地中深くに巣を作
るのが特徴です。hare は rabbit よりも大きく、耳と後
ろ足が長く、野や畑に住み、地上のくぼみに草を敷いて
巣を作るのが特徴です。アメリカでは、rabbit と hare
が同義に用いられることもあります。

　rabbit は、「多産、臆病」をイメージさせます。英語
には、オドオドした態度から、比喩で (as) scared [tim-
id] as a rabbit「（ウサギのように）ビクビクして、（弱
虫・臆病で）ひどく怖がって」という表現があります。
また、pull a rabbit out of a [the] hat（帽子からウサギ
を取り出す）は、手品師の技に言及した表現で、「思い
がけないことをする」という意です。さらに、breed
like rabbits「ウサギのようにたくさん子を産む」、run
like a rabbit「一目散に（脱兎のごとく）逃げる」も、
rabbit の性質をよく表しています。

　さらに、rabbit の後ろ足には力強く飛び跳ねる強靭さ
があることから、「躍動、繁栄」のシンボルとされてい

ます。ウサギが幸運の前触れと考えられるのは、子ウサギが目を開けたまま生まれてくるので、悪魔を追い払うことができるという言い伝えによります。したがって、今日でも、rabbit's foot［rabbit foot］（ウサギの足）は幸運をもたらすとされ、キー・ホルダー（英語では、key ring、key chain という）などにして身につけている人も少なくありません。

hare はイギリスでは魔女の化身とも言われ、行く手を横切ると縁起が悪いとされています。hare は、少々悪賢く、かつイタズラ好きな動物とされています。一生懸命努力した者には運も味方してくれる、才能よりも頑張りが優るとする『イソップ物語』の「ウサギとカメ（の競争）」(The Hare and the Tortoise) に出てくる「ウサギ」は、rabbit ではなく hare です。

hare はとても気が小さい動物とみられ、(as) timid as a hare は「非常にはにかみ屋で、とても気の小さい」を意味します。さらに、(as) mad as a March hare は、「正気を失った、非常に興奮した、気まぐれな」という意味です。この表現は、イギリスの数学者・小説家のルイス・キャロル (Lewis Carroll: 1832-98) の『不思議の国のアリス』(Alice's Adventures in Wonderland) に登場する頭のおかしい「3月ウサギ」の連想から生まれた表現

です。3月になると雄ウサギが異常にビクビクしたり、正気を失ったかのようにはね回ったりするのは、3月がウサギの発情期だからだそうです。

英語の諺には、

He who runs after two hares will catch neither.

（二兎を追う者は一兎をも得ず）

があります。この諺は、欲を出しすぎると何一つ満足な結果は得られない、つまり成功しようと思えば一度に多くのことをしてはいけない、という戒めです。「虻蜂取らず」と同じ意味です。さらに、First catch your hare (then cook him).「まず現物を手に入れよ（処理はそれから）」という諺もあります。「取らぬタヌキの皮算用」と同じ意で、「ぬか喜びはするな」という戒めです。

日本語の「ウサギ」を使った表現に、「ウサギ小屋」(rabbit hutch) があります。30年以上も前、EC（欧州共同体）の報告書に、「日本人はウサギ小屋のような住宅に住んでいる」という趣旨の表現があり、日本社会に大きな衝撃を与えました。英語の hutch は、ウサギなどの小動物を入れる箱や囲いのことだからです。

# 「牛」と bull / cow

　牛を表す英語には、bull「雄牛」、cow「雌牛」、calf「子牛」があります。bull は去勢されていない雄牛のことで、「忍耐、平和」のシンボルとされています。ただし、その性格から、「荒っぽい、頑固な、愚鈍な」というイメージがあり、日本語での「力強い」というイメージはありません。ox「（労役用・食用に去勢した）雄牛」には、体ががっちりしているというイメージがあり、as strong as an ox（非常に力が強い）は、

　Mac, my friend, is as strong as an ox.

　（友だちのマックはすごく力が強いよ）

などと使われます。ox には、「のろま、ぶきっちょ、力はあるが不器用な大男」というイメージもあります。

　また、日本語ではむだ話をして時間をつぶしたり、とりとめのない話をしたりすることを「油を売る」と言いますが、これに相当するのは《米俗語》shoot the bull です。shoot は「（言葉などを）放つ」で、この bull は《俗語》「ほら、嘘っぱち」という意です。この意での bull を使った表現には、bull session「（ある話題について仲間うちでの）ざっくばらんな話し合い、自由討論」

があります。また。bull's eye は「（射撃・弓術の）標的の中心円」を、hit the bull's eye は「的の中心にあてる、的を射た発言・行動をする、うまくいく」という意です。

　野球で救援投手がウォーミング・アップする場所のことを bull pen「ブルペン」と呼ぶことは野球ファンなら知らない人はいないでしょうが、原意は「牛の囲い場」です。この語にはまた、「仮留置場、飯場」などの意もあります。bullshit（牛のフン）は《卑語》で「クソッ、たわごと、ナンセンス」を意味します。かなり下品な表現ですので、一般の会話では避けるほうが無難ですが、親しみを示すために若者たちは好んで用いるようです。婉曲的には、B.S. とか単に bull の形で使われます。

　さらに、bull in a china shop（瀬戸物屋の雄牛）というイディオムもあります。これは、『イソップ物語』の「陶器店のロバ」(The Donkey in a Potter's Shop) が元になっています。繊細な chinaware（陶磁器）がヨーロッパに伝わった頃、おとなしいイメージのロバが荒々しいイメージの雄牛と言い換えられたようです。china shop とは「瀬戸物屋、陶磁器屋」のことです。この表現は、瀬戸物屋へ入り込んだ雄牛が暴れて陶磁器を壊すような行動をすることから生まれています。比喩として、「（言動、神経などが）がさつな人、話などをぶち壊すドジな

人、そこつ者、状況を判断できない人、空気が読めない人」の意で使われます。

　一方、「雌牛」を指す cow（乳牛）は、「豊穣」の象徴とされています。ミルクが貴重な栄養源とされ、そのミルクを出す牛は神聖なものとみなされていたため、インドでは cow を決して食用にはせず、疎かに扱うことが禁じられました。しかし、この考えが極めて驚くべきものであったため、Holy cow!「まさか!、何てこった!」という驚きや怒り、困惑、喜びなどを表す表現が生まれています。

　ところで、cow college という面白い表現ががあります。決して雌牛について研究する大学ではなく、牛が放牧されているような田園地帯にある大学、つまり「（あか抜けしない）地方の大学」という意です。また、not until the cows come home は、「間もなく、そう長く待たせないで」を意味します。

　日本語の「牛」を使った表現の「牛のようにノロノロと」は at a snail's pace「カタツムリの歩みで」と表現します。ここから walk at a snail's pace「牛のようにのんびり・ゆっくり歩く」が生まれました。ちなみに、「牛歩戦術」は、snail's pace tactics とか slow-down tactics と表現します。

## 「馬」と horse

　英語の horse は「勇気、寛容、従順」の象徴とされて
います。この点では、日本語の「馬」のイメージと似て
います。ただし、horse には、日本語の「馬」にはない
「好色」のイメージがあります。

　horse にはまた、「愚か」というイメージもあります。
日本語では「バカ」のことを「馬鹿」と書きますが、馬
は本当にバカなのでしょうか？　一説によると、「馬」
と「鹿」には「胆のう」という器官がないのだそうです。
そのため、社会的常識に欠けていることを胆のうがない
「馬と鹿」に喩えて、「馬鹿」と言うようになったとされ
ています。決して、頭が悪いからではないようです。そ
れどころか、実際は、「馬」はとても記憶力がよく、人
の心を読むのがうまい動物とされています。

　horse が元気でピンピンしていて「力強い」というイ
メージから、as strong as a horse「とても強い」、as
healthy as a horse「すごく元気で」を意味します。また、
馬はたくさん食べることから、eat like a horse は「大食
いする、もりもり食べる」という意です。さらに、馬が
働きものであることから、work like a horse「がむしゃ

らに働く、馬車馬のように働く」という表現もあります。ただし、beat a dead horse（死んだ馬をたたく）→「むだ骨を折る」という表現もあります。

さらに、horse sense は「（経験から身についた）あたりまえの良識」という意です。have horse sense（馬のカンをもつ）という言い回しは「（馬にもあるような）普通の判断力がある」、つまり「常識的な判断や現実的な考え方ができる」を意味します。

He didn't study so hard, but he has a lot of horse sense.
（あいつ、あまり勉強しなかったけど、すごく頭がきれるな）

などと使われます。これは日本語の「馬」のイメージと同じですね。

日本語の「馬」を使った表現には、「あて馬（候補）」があります。stalking-horse と言います。直訳は「隠れ馬、しのび馬」ですが、「替え玉、見せかけ」の意でも使われます。この語は元々、猟師がこっそり獲物に近づく際に隠れみのとして使う馬型の用具のことでした。stalking から、昨今、社会問題になっている「ストーカー (stalker)、獲物に忍び寄る人、人などに密かに近づく人」の意が生まれました。

また、日本語では顔の長い人を「馬面」と言いますが、

英語でも顔が長いからと言って、long face とは言わず、horse face と言います。中学生レベルの英語力で十分です。「馬面の人」は、horse-faced man です。ちなみに、long face は、「悲しそうな顔、不機嫌な顔」を意味します。

　では、「野次馬」はどうでしょうか？　《米口語》では rubber neck（ゴムの首）です。なるほど、何ごとかがあるとすぐに駆け出して、群衆の中で首を長く伸ばして、事件・事故を見て悦に入る人（？）のことで、まるでゴムでできている首のように見えることからです。「物見高い人、（好奇心から物をよく見ようとして）首を伸ばす人」の意で使われます。

　他人を出し抜いて利益を得ることを「生き馬の目を抜く」と言いますが、英語では dog-eat-dog（食うか食われるかの）です。「従兄弟は生き馬の目を抜くような芸能界で生きているんだよ」は、

　　My cousin works in the dog-eat-dog world of show business.

と表現します。

# 「猿」と ape / monkey

「猿」と言えば、日本人に馴染みの英語は monkey ですが、ape もあります。区別は簡単です。monkey は「尾のあるサル」で、ape は「尾のないサル」です。

ape には、gorilla「ゴリラ」、chimpanzee「チンパンジー」、orangutan「オランウータン」などの類人猿が含まれます。ape は、monkey よりも「ずるい、悪意のある」を強く連想させます。

ape を使った表現には、go ape《主に米》「カンカンに怒る、激怒する、頭がおかしくなる」、go ape over「(〜に) 夢中になる、熱狂する」があります。また、play the ape は「人の真似をしてふざける」という意です。

monkey には「意地悪、イタズラ、好色、偽善、貪欲」というイメージがあります。「イタズラ好き」なことから、(as) funny as a barrel of monkeys「とてもおかしい、爆笑もの」という表現も生まれています。動物園のサルは、オリの中でいろいろ面白い行動をする、イタズラ好きな動物で、我われの目を楽しませてくれます。人間社会にもサルのように小狡く振る舞う人がいますね。

こういう人の行為を monkey business と言います。「悪ふざけ、イタズラ行為、いかがわしい行為、インチキ、ごまかし、悪だくみ」、さらには「汚職」にも発展しています。たとえば、

Stop your monkey business.

（悪ふざけはもうやめろよ）

などと使われます。

また、monkey には「麻薬中毒者」という意もありますので、「お前、イタズラっぽいやつだな」と言うつもりで、You're a monkey. と言うと、とんでもないことになります。「お前は薬づけだよ」という意味になるからです。

「サル」は人をからかうことから、make a monkey (out) of ~「人をバカにする、人をだます、人を笑いものにする、人にイタズラをする」という表現もあります。さらに、《動詞》で monkey with ~「（～を）いじくる」、monkey around (about)「イタズラをする、いじくり回す」もあります。

さらに、Don't monkey around with fire. は「火遊びをしちゃダメよ」で、《俗語》have a monkey on one's back は「（麻薬・アルコールの）中毒になっている」、つまり「なかなか抜け出せない習慣」を意味します。

日本語の「サル」を使った表現を挙げましょう。「猿芝居」は a monkey show ですが、「猿まね」は slavish imitation、indiscriminate imitation と表現します。また、「猿回し」は a monkey trainer ですが、「猿回しのサル」は a performing monkey と言います。

## 「七面鳥」と turkey

　turkey は、頭部から首にかけての皮膚の色が絶えず赤・青・紫などに変化するのが特徴で、「男の自尊心、愚かさ、怒り」の象徴とされていますが、「(映画・芝居の) 失敗作、だめな作品 (人)、品質の悪い物」という強いマイナス・イメージがあります。たとえば、

The PC I bought last week turned out to be a real turkey.

(先週買ったパソコン、とんでもない不良品だよ)

などと使われます。また、《俗語》では「魅力に乏しい人 (物)、ダメな人 (物)」という意で、「バカなやつ、間抜け」という罵り語として使われます。これは、急に雨が降り出すと、turkey がパニックになることから生まれた表現です。さらに、You're a turkey. という表現もあります。「このタコ (野郎)！」という意です。この日本語の意味を You're an octopus. と英訳してはいけません。それこそ、You're a turkey. と言い返されかねません。

　また、cold turkey は比喩で、「遠慮のないものの言い方、お高くとまった人」を、《副詞的に》「率直に、隠さ

ずに」を意味します。この表現は、たとえば、

　　That's cold turkey.

　（それは明らかに事実だよ）

のように使われます。

　また、七面鳥の堂々とした歩き方から、walk turkey「肩で風を切って歩く」という表現もあります。さらに、talk turkey《米俗語》「（商談などで）率直に話し合う、本気で話す、ざっくばらんに話す」という表現もあります。これは、昔、アメリカ先住民 (Native American) と白人が狩りに出かけて、七面鳥と烏を獲った話に始まります。獲物を分配する段になって、白人は「最初は俺が七面鳥を取る。次はお前が烏を取れ、次は俺が七面鳥を取る」と、七面鳥ばかりを取りました。そこで、この配分に不満を抱いたアメリカ先住民は、"You always talk turkey. Now I talk turkey." 「お前はいつも七面鳥と言う。今度は俺が七面鳥と言う」と言ったことから、「率直に言う、はっきり言う」という意で使われるようになったのです。何かの目的のために、真剣に、大真面目に話をすることを意味します。たとえば、

　　Our argument is going around in circles. Let's talk turkey now.

　（それは堂々巡りだよ。そろそろ率直に話そうよ）

などと使われます。

## 「鳥」と bird

　bird には「愛、自由、迅速」というプラスのイメージがあり、比喩で「若い女性（特に恋人）」という意があります。鳥にはまた、すばらしい飛翔能力があり、そのため数多くの迷信や言い伝えがあります。もっともよく知られているのは、窓をたたく鳥や家に入る鳥は不幸をもたらすというものです。

　一方、日本語では、あまり物覚えのよくない人のことを「とり頭」と言いますが、英語にも birdbrain というマイナス・イメージの語があります。「バカ、うすのろ」、《俗語》「落ち着きのない人」を意味します。このように、英語の bird と日本語の「鳥」には共通のマイナス・イメージがあり、いずれも「バカ」扱いされているので、かわいそうな動物です。

　多くの鳥は身体が小さく、ついばむエサがほんの僅かであることから、eat like a bird「ひどく小食である」という表現が生まれました。たとえば、

　Tim eats like a bird.

　（ティムは小食だね）

などと使われます。また、like a bird には、「苦もなく、

調子よく」という意があり、

My car goes like a bird.

（ボクの車は快調だよ）

のように使われます。

　鳥はエサをやってもサーッとどこかへ飛んで行ってしまい、エサの与え甲斐がありません。そのことを英語では for the birds と言います。「つまらない、ばかばかしい」という意です。また、A little bird told me that (...)（おどけて「ちょっと小耳にはさんだけれど……」）というイキな表現もあります。この表現は、

A little bird told me that Sue got engaged.

（風の便りに聞いたんだけど、スーが婚約したそうよ）

などと使われます。

　さらに面白いのは、the birds and (the) bees です。この表現は、時々、鳥やハチの交尾を例に、子どもに「性」について教えることからで、おどけて「（子どもに教える）性知識のイロハ」(the ABC's of sex)、「生命誕生の秘密」を意味します。

　an early bird は「早起きの人、朝早くから行動を起こす人」という意です。early bird special は「先着サーヴィス」という意で、早朝から開店しているカフェは an early bird cafe と言います。この early bird という表現

はご存じのとおり、

The early bird catches the worm.

（早起きの鳥は虫を捕まえる）

という諺に由来しています。もちろん、「早起きは三文の徳」という日本の諺に相当します。

日本語の「鳥」を使った表現には、「鳥居」a gateway to a Shinto shrine、「鳥打ち帽（子）」a hunting hat、「鳥小屋」a birdhouse（「檻・籠」は a chicken coop という）、「鳥刺」chicken *sashimi* などがあります。「鳥目」は night blindness です。また、「渡り鳥」は一般に migratory bird ですが、bird of passage と言うこともあります。

# 「ニワトリ」と chicken

chicken は「（若い）ニワトリ」ですが、ヒヨコを指すこともあります。雄・雌を区別するには、cock「オンドリ（雄鳥）」（米・豪では rooster が一般的）と hen「メンドリ（雌鳥）」が使われます。

chicken には《口語》で「若い」というニュアンスがあり、比喩で「若い人、青二才、魅力的な娘」を意味します。たとえば、

She is no (spring) chicken.

（彼女はもう若くはない）

などと使われます。また、オンドリ (cock) はとても気が荒く手に負えないところがありますが、メンドリやヒヨコはおとなしくオドオドしています。また、日本語の「ヒヨコ」には、小さくてかわいく、「臆病」というイメージがあります。

同じく、chicken も《米俗語》で「臆病者、腰抜け」を指すようになりました。したがって、chicken-hearted（ニワトリの心臓のような）は「臆病な」、けなして「小心の、意気地のない」という意で使われます。ただし、chicken-breasted は「はと胸の」（＝pigeon-breasted）で、

chicken-shit《卑語》は「小心者、ほんの少々、嘘」という意です。

chicken には「臆病な」という意があることから、a game of chicken は「肝だめし」を意味します。play chicken は「度胸試しをする」です。chicken out《口語》は「怖じ気づく、（恐怖・病気のために）尻込みして～をしない」という意です。たとえば、

Steve, don't chicken out now!

（スティーブ、いまさら怖じ気づくなよ！）
などと使われます。

また、ニワトリが早寝することから、go to bed with the chickens「早寝する、夜早く寝る」という表現が生まれました。確かに、ニワトリは床につくのが早いですね。

日常会話では、どちらが原因とも判断がつかない問題や状況について、「ニワトリが先か卵が先か」と言います。英語では、

Which came first, the chicken or the egg?

です。一般には、the chicken or the egg の形で使われます。

日本語の「鶏」に関連する表現を挙げましょう。「鶏小屋、鶏舎」は一般に a henhouse ですが、檻や籠など

の小さいものは a chicken coop です。「闘鶏」は a cock-fight [cockfighting]、「風見鶏」は a weathercock と言います。後者は人間を指し、

　The politician is a weathercock.

　（あの政治家は風見鶏だね）

などと使われます。

# 「猫」と cat

　猫は英・米でも日本でも、犬に次いで人気が高く（最近では、犬よりも人気が高いとか）、ペットとして不動の地位を確立しています。猫の優雅で誇り高く、清潔なイメージは犬のイメージとはかなり異なります。

　cat は、長寿で執念深く、魔女を連想させる動物です。キリスト教でも、cat は「色情、怠惰」の象徴とされていて、「意地悪女、ガミガミ女」など、あまりいい意味ではないようです。日本でも「猫は魔物、猫をかぶる、猫は化ける」など、独特の眼光や不可解な動きから、暗く陰惨なイメージがあります。

　cat はよく吐くことから、(as) sick as a cat「吐き気を催して、ひどい病気で」という表現があります。また、enough to make a cat laugh（猫を笑わせるに十分な）は「とても滑稽な、ばかげた」という意です。類似の表現に、enough to make a cat speak（猫に話させるに十分な）→「（主に酒が）実にすばらしい」があります。「（それを聞いたら）猫でもたまげて口をきく」、つまり「とてもステキな」という意で、一般には「上等なお酒」などについて使われます。たとえば、

Good liquor will make a cat speak.

（よい酒は猫をも喋らせる）

などと使われます。おいしいお酒を褒める時のシャレた表現ですね。さらに、面白い表現には rain cats and dogs は「雨がどしゃ降りである」があり、日本語の「バケツをひっくり返したような雨降り」に相当します。cats and dogs は元々「激しく」という意ですので、雨（降り）を、犬と猫が激しく吠え合って、まるでケンカでもしているかのようだと喩えたものです。また、fight like cats and dogs は「激しくケンカ（口論）する」で、lead a cat-and-dog life は「（特に夫婦が）ケンカの絶えない生活をする」を意味します。日本語では「犬と猫」でも「猫と犬」でもかまいませんが、英語では必ず cats and dogs の順で使われます。念のため。

　次の諺は、ネズミを捕るというよりも、猫とネズミの戯れを表したものです。

When the cat is away, the mice will play.

（猫がいなくなると、ネズミたちが遊び回る）

は、日本語の諺「鬼の居ぬ間に洗濯」「姑の留守は嫁のお祭り」に相当します。この諺では、away と play が脚韻を踏んでいて、言語的にも興味深いですね。

　ここで、日本語の「猫」を使った表現を見てみましょ

う。「私、猫舌なんです」は、

I can't eat food that's too hot.

と表現します。また、「猫なで声で」は in a coaxing [coquettish] voice と言います。「猫の目のように変わる」は change very frequently が一般的ですが、make a chameleonic change [change in kaleidoscopic fashion] とも表現できます。「猫をかぶる」は pretend to be a good, quiet one です。客商売の置物である「招き猫」は、a figure of a beckoning cat、「猫の額」は a tiny plot、the size of a postcard [handkerchief]、「猫ばば（する）」は pocket、「猫背」は stoop shoulders と表現します。

# 「ネズミ」と mouse / rat

　日本語ではいろいろなネズミが、「ネズミ」一語で表されます。が、英語では、mouse「イエネズミ、ハツカネズミなど小型のもの」と、rat「ドブネズミなど大型のもの」とを明確に区別します。一般に、英米の家庭に出没するのは mouse で、日本の家屋や物置に出没するのは rat です。

　mouse には「臆病な」というイメージがあることから、おどけて「臆病者、小心者」という意で使われます。《俗語》では「可愛い女の子、恋人」を意味します。mouse は、チーズが好きなことでも有名です。また、コンピュータで入力操作を行う装置が mouse の形に似ていることから、この装置が「マウス」と呼ばれるのは、周知のとおりです。

　さらに、mouse は一般におとなしい動物とされていて、(as) quiet as a mouse（ネズミのように静かな）は「実に静かで、借りてきた猫のような」という意です。ここで興味深いのは、英語では「ネズミ」が、日本語では「猫」が使われていることです。また、(as) poor as a church mouse（教会のネズミのように貧しい）は「ひ

どく貧乏な、お金がほとんどない」という意です。昔の教会はとても貧しかったために、そこに住みついたネズミも食べ物にありつけなかったことに由来します。

　他方、rat には、mouse と異なり、「不潔、崩壊、いやらしい」というマイナスのイメージがあります。火事などの危険に遭遇するといち早く逃げ出すことから、「裏切り者、密告者、意地悪」などの汚名を着せられています。

　Rats desert a sinking ship.

　（ネズミは沈みかけた船を見捨てる）

という諺は、この rat の「ずるい」という性質から生まれたものです。間違っても、He's really a rat to women.「彼は女性にはほんとうに意地悪なのよ」などと言われませんように！

　また、「汚らしい」というイメージから、「驚き・不信・嫌悪」を表して、

　Starve the rats!

　（なんてこった！）

　You dirty rat!

　（このインチキ野郎！）

などとも使われます。他には、smell a rat（ネズミのにおいがする）もあります。「（策略・陰謀などに）気づく、

怪しいと感づく」という意です。猫はネズミの姿が見えない時でも、嗅覚で察知するからとされています。like a drowned rat は「濡れネズミになって、びしょ濡れになって」です。rat race は「激しい競争、出世や保身のための激しい競い合い、知的専門職や商売における競争」を指します。また、rat は動詞で、

　　He ratted on us.

　　（あいつは俺たちを売ったんだ）

のように使われます。いずれにしても、rat が嫌われ者であることに違いはありません。

　日本語の「あいつはただのネズミではないぞ！」、つまり「あいつはただ者じゃないぞ！」は、rat を使わずに、

　　He is no common man!

と言います。また、「袋のネズミ」は a rat in a trap です。わかりやすい表現ですね。さらに、「コマネズミのように働く」という日本語もあります。英語では work like a bee（ハチのように働く）と言います。「ネズミ」の代わりに「ハチ」が使われるのは面白いですね。

# 「ヒツジ」と sheep / lamb

　日本語の「ヒツジ」には「無邪気、純真」というイメージがあります。英語の sheep「ヒツジ」と lamb「子ヒツジ」は聖書の中でもっとも頻繁に登場する動物です。lamb は1歳以下の「子ヒツジ」を指します。sheep は群をつくり、ヒツジ飼い (shepherd) の導くままに動くので、「従順、温和、無邪気、純真」のイメージがあります。人に喩えると、「臆病者、小心者」です。また、ヒツジがヒツジ飼いにおとなしく従っているように、「人の言いなりになる人」に喩えられます。キリスト教では、信者は神のヒツジに、聖職者はヒツジ飼いにたとえられています。

　「ヒツジ」の従順な性格を表す表現に、follow like sheep（ヒツジのように従う）があります。「盲従する」という意で、何ごとをするにも主体性を発揮しないことを批判する時に使われます。

　It's foolish to follow like sheep what he said.

　（彼の言うことに盲従するなんて馬鹿げているよ）

などと使われます。

　make〔cast〕sheep's eyes at ~「（特に異性）に色目を

242

使う、〜に秋波を送る」という表現もあります。また、sheep dressed up as a lamb という表現は、「子ヒツジに扮装したヒツジ」という意で、実際の年齢よりも若く見せようと「美しく着飾る女盛りの女性」のことです。この表現には、女性のいじらしい心理（？）が垣間見えるようです。

　日本人は、「ヒツジ」(sheep) にも「山羊」(goat) にも、憎めない愛すべき動物という印象をもっていますが、英米人は sheep を「おとなしい、善良な」動物とみなし、キリスト教では神聖視されています。他方、goat は「悪人、女好き、とんま」など、マイナス・イメージの強い動物とみなされています。英語で「あのスケベおやじ」は一般に、

　That dirty old man.

と言いますが、man の代わりに goat が使われることも少なくなく、なるほどと頷けます。

　また、lamb には、従順なという意から、次のような表現があります。(as) gentle [meek] as a lamb は「子ヒツジのようにおとなしい、とても従順な」で、(as) innocent as a lamb は「とても無邪気な」を意味します。さらに、lamb は忍耐強い動物でもあるようで、patient as a lamb「非常に忍耐強い」という表現もあります。さ

らに、a wolf in lamb's skin（子ヒツジの皮をかぶったオオカミ）は、「猫かぶり、偽善者」で、a wolf in sheep's clothing と同じ意です。

# 「豚」と pig / hog

　「豚」は英語では、集合的に swine ですが、個々の
「豚」には pig と hog が使われます。pig は「豚」を指
すもっとも一般的な語です。《米》では体重 120 ポンド
（約 55 キロ）以下の「子豚」を、hog は、《米》では主
に成長した食用の雄豚を指しますが、《英》では 120 ポ
ンド以上の食肉用に去勢した豚を指します。

　pig には「不浄、大食漢」というイメージが強いため、
軽蔑して使われることもあります。《俗語》では軽蔑的
に「ポリ公、ケチな大金持、男にだらしない女、醜く太
った女性」のほか、「（豚のように）下品な人、食いしん
坊」などの意もあり、マイナス・イメージの強い動物で
す。したがって、《俗語》では、Don't be a pig!（そんな
にがっつくなよ！）などと使われます。

　日本語には「豚もおだてりゃ、木に登る」という表現
がありますが、英語には「木に登る」ではなく「空を飛
ぶ」という表現があります。これは、

Pigs might fly (if they had wings).
という諺からです。相手の言葉を打ち消して、皮肉っぽ
く「そんなことあるわけないよ！」と反語的に、あるい

は「そんなことがあったら、太陽が西から昇るよ」と、人をからかう時に使われます。また、if pigs could fly という表現もあります。これは「できっこない、不可能だ」という意です。

　hog は「食いしん坊、欲の深い人、無作法な人」を意味するので、この語にはマイナスのイメージがあります。go (the) whole hog は「徹底的にやる、とことんやる」という意です。17世紀、イギリスでは、hog（豚）に《俗語》「シリング（通貨）」の意味があったとされています。つまり、「（どうせ使うなら）1シリング全部を使ってしまう」というのが本来の意味で、転じて、比喩的に使われるようになったそうです。「（いろいろな段階があるものについて）その最後まで追求する」という意味です。「豚」は体全体が食用になることから生まれた表現です。

　また、eat like a hog「（豚のように）がつがつ食う」という表現もあります。hog は、同じ豚でも pig と比べると、大きくて太ったイメージがあります。たとえば、「小豚」は a little pig と言い、a little hog とは言いません。つまり、両者の種類が異なるのではなく、この2つのことばのイメージに差があるのです。

　日本語の「豚」を使った諺には、「豚に真珠」があり

ます。英語では、To cast pearls before swine. です。「猫
に小判」と同じ意です。この言い回しは一般に、Do not
cast pearls before swine. という形で使われます。「豚小
屋のような家」は a shack ［wretched hovel］です。ま
た、読者の方々には関係ありませんが、「豚箱」は《俗
語》a lockup（留置場）と言います。

# 「ロバ」と ass / donkey

「ロバ」は日本人にはあまり馴染みがない動物で、その区別もよくわかりませんね。が、英語では ass と donkey と 2 つの語を使い分けます。ass も donkey も、「馬鹿、強情」などマイナス・イメージが強い動物とされています。

　ass は、古代や中世では、「知恵、純潔、勇気、忍耐」の象徴でしたが、馬より小さく不格好なことからか、「愚か者」の象徴とされています。軽蔑して「(頑固でのろまな) 馬鹿、間抜け」のニュアンスが強く、What an ass!「何てバカなんだ！」、Don't be an ass!「バカを言うな！、冗談よせよ！」などと使われます。また、act like an ass は「バカなまねをする」です。

　make an ass of「(人を) ばか者扱いする」、make an ass of oneself「バカなマネをする、人の笑いものになる (ようなことをする)」、play the ass《口語》「ばかなマネをする」などの表現があります。このように、ass は諺やイディオムでは「バカ」扱いされることが多い動物です。「ロバ」は多くの社会において「縁起のよい動物」との言い伝えがあります。また、ロバは自分の死期

248

が近いことを悟ると姿を隠すので、ロバの死骸を見た者はいないとされていて、ロバの死骸を目にすると、とても縁起が良いそうです。

　一方、donkey は ass の日常語として使われます。donkey は忍耐強い動物とされるばかりか、「愚鈍、強情」というイメージの強い動物です。この donkey はまた、米国・民主党の象徴でもあります。ちなみに、共和党の象徴は elephant「象」です。donkey はよく sure-footed animal とも言われ、足取りが確かで、一歩ずつ確かめながら、注意深くゆっくり歩く動物だそうです。しかし、一度止まると梃子でも動かない強情な動物でもあります。そこから、(as) stubborn as a donkey「（ロバのように）強情な、（ロバのように）わけのわからない」という表現が生まれました。

　donkey には、このように「単純な作業を継続しても疲れを知らない」という良いイメージと、「強情で頑固な」という悪いイメージがあります。donkey work は「単純で根気のいる反復的な仕事、退屈な仕事」という意です。他には、《主に英口語》donkey('s) years（非常に長い間）があります。これは、人はロバの死骸を見ることがないという言い伝えからとされています。ロバの耳 (ears) が長いことから、発音が同じ years にかけたも

のです。もちろん、donkey('s) ears と綴られることも
あります。

## 食べ物を使った表現

「食べ物」は国・地域や風土、習慣、さらには宗教によって大きく異なります。当然、それに応じて、「食べ物」のイメージや「食べ物」を使った表現も異なります。また、一口に食べ物と言っても、前菜から主食、デザートはもちろん、アルコールを含む飲み物まで様々です。たとえば、写真を撮る時に、英語では Say cheese!（はい、笑って！）と言います。cheese と言うと、歯が少し見えて、口もとが笑っているように見えるからです。

また、tea を使った a cup of tea（1杯の紅茶）は、何ら問題がなく、誰でもご存じの表現ですね。ところが、one's cup of tea とすると少し様子が変わります。婉曲的に「（人の）好きなもの、お気に入りのもの、好み」という意になります。Gambling is not my cup of tea.（賭け事は私の性分に合わないわ）などと使われます。紅茶好きなイギリス人の発想によることが窺えます。

このように、国、文化や風土によって、時には宗教上の教義によって、「食べ物」がもつイメージも表現も異なります。ここでは、「食べ物」を使った「おいしいコトバ」を集めてみました。じっくりご賞味ください。

# 「エンドウ（豆）」と pea

　pea の原形は peas［piːz］でしたが、-s［-z］が複数の
語尾と間違えられて、-s のない現在の形が単数として扱
われるようになりました。「エンドウ」はとても小さい
粒ですから、よく (as) small as a pea「とても小さい」
という比喩として使われます。また、とても小さく、一
粒一粒は大して価値がないことから、be not worth a pea
「少しの価値もない」という表現も生まれました。
　さらに、「エンドウ」はいずれも似ていることから、
like two peas (in a pod) は「そっくりで、まるで瓜二つ
で」という意です。これは、見た目ばかりでなく、性
格・行動も似ていることを表します。たとえば、

　Toshiko and her sister are like two peas in a pod.
　（とし子さんは姉と瓜二つだ）
などと使われます。

# 「木の実、ナッツ」と nut

nut は《俗語》「変わり者、ばか、〜マニア（＝freak）」、《卑語》「キンタマ」という意で、あまりいいイメージはないようです。たとえば、

That girl is a bit of a nut.

（あの女の子、ちょっと頭がおかしいよ）

などと使われます。さらに、off one's nut は「頭がおかしくなって」、a tough ［hard］nut to crack（割るのが難しいナッツ）は「厄介な問題・相手、手に負えないヤツ」という意です。

複数形《形容詞》の nuts は、《口語》「頭がおかしい」、《米俗語》「ちぇっ、くそっ」という、激しい拒絶や怒りを表します。たとえば、

Nuts to you!

（くたばっちまえ！）

Are you nuts?

（お前、頭がおかしいんじゃないか？）

などと使われます。後者は、信じられないようなことを言われた時に言い返す表現です。また、《卑語》have someone by the nuts ［balls］は「人の弱み・急所を握

る」という意です。この nuts は balls と同じく、「キンタマ、睾丸」のことです。

　また、talk like a nut は《俗語》「ばかなことを言う、アホなことを言う」で、do one's nut(s) は《英俗語》「カッとなる、ものすごくイライラする」、さらに drive someone nuts は「人の気をおかしくさせる、人をひどくイライラさせる」を意味します。

# 「牛肉、ビーフ」と beef

　beef の由来はフランス語です。11世紀、フランス語を話す侵略者たちがイギリスを支配した頃、イギリスでは地位の高い人が、牛肉を食したことから生まれた言葉だそうです。

　また、この beef には、「肉」の意のほかに、《俗語》で「不満、不平、苦情、訴え」の意があります。レストランなどで、当然入っているべき肉が入っていない場合、皮肉って Where's the beef?《主に米口語》「肉はどこにあるの？（入ってないじゃないか）」と言うことがあります。転じて、「（素晴らしい考えだが）何をやろうとしているの？（何をやろうとしているかわからないよ）」を意味します。これは、元々、あるハンバーガー・チェーンが、ハンバーグの肉が小さいと他社の商品をからかったコマーシャルのフレーズです。

「不平、不満」の意味で beef を使った他の表現には、What's the beef?「何が不満なんだ？」、beef session「苦情集会、抗議集会」などがあります。

# 「キュウリ」と cucumber

「キュウリ」は前菜やサラダに使われますが、手で触れると冷たい感じがします。英語の cucumber にも「冷たい」イメージがあります。ここから、(as) cool as a cucumber（キュウリのように冷たい）というイディオムが生まれました。「（緊急時などでも）あくまで冷静で、落ち着き払って、涼しい顔で、興奮しないで」という意です。たとえば、

A: I like Peter very much.

（私、ピーターがとっても好きだわ）

B: Why?

（どうして？）

A: Because he's always (as) cool as a cucumber.

（だって、彼、いつも落ち着いているから）

のように使われます。cool の代わりに cold が使われることもあります。いずれも、言語的に面白いのは、このイディオムが cool［cold］と cucumber で「頭韻」を踏んでいることです。

# 「ケーキ」と cake

　食べておいしい cake には、おいしい表現がたくさんあります。代表的なものは、a piece of cake です。これは、「いとも簡単にできること、お茶の子さいさい、楽勝」を意味します。ケーキは一切れくらい食べても別にお腹にこたえることがないからです。この表現は、日本語の「朝飯前」に相当します。日本の朝食は主にご飯ですが、アメリカではコーヒーにフレンチ・トーストやマフィン、ワッフル、時にはドーナッツなどのケーキ類を食べることを考えると、それぞれの食習慣が背景になっていることがわかります。cake を使った表現では、cakewalk があります。《米口語的》「たやすく達成できること、楽勝、朝飯前」、《英口語的》「あぶく銭」を意味します。

　cakes and ale（ケーキとビール）は「物質的快楽、人生の楽しみ、どんちゃん騒ぎ、のんびりした生活」という意です。何となく妙な組み合わせですが、シェークスピアの『十二夜』(Twelfth Night) に出てくる表現です。

　また、coffee and cake(s) という表現もあります。文字どおり「コーヒーとケーキ（の軽食）」のことですが、

ここから転じて「安サラリー、わずかなお金」を意味するようになりました。つまり、「コーヒーとケーキ」しか買えないような低収入のことを比喩的に表現したものです。

　食べておいしい「ケーキをオーブンで焼く」のは bake a cake in the oven と言います。これは、文字通りの表現ですが、bake の代わりに、have を使うと意味が一変します。

　My sister has a cake in the oven.
は「妹は妊娠している」という意になります。oven を母親のお腹に、cake を赤ちゃんに見立てたわけです。何となくシャレた表現だとは思いませんか？

　他には、icing on the cake「望外の喜び、（不要な）飾り」という表現があります。ice the cake とは《俗語》「勝利を確実なものにする、ダメを押す、（素晴らしい出来事に）花を添える」を意味します。この ice は「氷」ではなく、「（ケーキなどに）砂糖衣をかける」という意です。

## 「砂糖」と sugar

「砂糖」は甘いからか、英語の sugar には《米口語》（呼びかけで）「（特に男性が好きな女性に対して）あなた、おまえ、君」、さらに「（いらだち・失望を表して）ちぇっ、ちくしょう」という意があります。一般に、《米口語》では、罵るときに、shit（クソッ！　こんちくしょう！）という下品な語を使いますが、罵ることを好まない人は、shit の代わりに sugar を使います。この語は、過去分詞形 (sugared) で「（言葉づかい・話し方が）甘ったるい、口当たりのよい」を意味します。たとえば、

Well, I'm sugared!

（ちくしょう！）

などと使われます。

また、sugar daddy《口語》「政治活動などで気持ちよく援助する人」のほか、（セックスなどのために）「若い女のパトロンになっている男、若い女のために湯水のように金を使う年配の男、だんな」を意味します。甘い言葉には、気をつけましょう。

# 「塩」と salt

　日本では、汚れを清めたり、物を神聖化したりするのに、「塩」が使われます。たとえば、葬式から戻ると玄関先で塩を身体に振りかけて身を清めたり、商店や料理店などで玄関脇に盛り塩をして縁起を祝ったり、さらには相撲の力士が取り組みの前に塩をまいて土俵を清めたりします。これらはみな、塩には「清める力」があると信じられているからです。

　他方、欧米では salt は魔よけや病気の治療に効果があるとされています。salt をこぼすと、不吉なことが起こり、不幸の前触れであるという迷信もあるほどです。ただし、夢の中に出てくる salt は「吉」とされているようです。こう見てくると、salt にはいろいろなイメージがあります。

　salt を使った表現には、eat someone's salt「人の客となる、人の家に居候をする」という粋(いき)な表現があります。また、take with a grain of salt「控え目に受け取る、人の言うことを割り引いて聞く」という表現もあります。たとえば、

You should take her stories with a grain of salt.

は「彼女の言うことは話半分に聞いた方がいい」という意です。さらに、worth one's salt は「立派な働きをする、有能な」を意味し、

He's not worth his salt.

（彼は全くの能なしだよ）

などと使われます。

　余談ですが、「塩」の salt は元々ラテン語の sal でした。古代ローマでは食べて美味しい物が健康によいとされていて、「健康」を意味する salus は sal から派生しています。また、今日、我われが日々食する「サラダ」も、生野菜に sal「塩」を ad「加えて」、salad になったのです。コトバの成り立ちは、このように面白いものです。

## 「七面鳥（の肉）」と turkey

　turkey 料理は、アメリカのクリスマスや感謝祭では欠かせない存在です。英米人は、Thanksgiving や Christmas、あるいは Easter でのご馳走として、turkey（料理）を食べるのです。内臓を取り出し、その代わりに粗挽きの肉にパン粉や野菜などをこね合わせた物を詰めたロースト・ターキーが丸ごと一羽、テーブルの上に出されます。通常、その家の主人が各人に七面鳥の肉を切り分けます。それにクランベリー・ソース (cranberry sauce) をつけて食します。もちろん、調理したての turkey はまだ温かいので、hot turkey と呼ばれます。ところが、反対の冷たい cold turkey と呼ばれるものもあります。Thanksgiving などで、turkey は一羽丸ごと一度に平らげるには大きすぎます。残った肉は翌日には冷たくなってしまいます。冷たくなった七面鳥の肉 (cold turkey) は、当然、前夜に比べると、決して美味しいはずがありません。パンに挟んでサンドイッチにして食べるのが関の山です。ここから、cold turkey が「嫌われ者」の意で使われるようになったのです。

　この cold turkey には、「遠慮のないものの言い方・や

り方、お高くとまった人」、《英俗語》「(麻薬・タバコ
の) 禁断症状・処置」などの意味もあります。cold tur-
key を使ったイディオムには、quit [go/stop] cold tur-
key があり、「物ごと (特にアルコール、タバコ、麻薬
などいままで習慣になっていたことを) 急に止める、い
きなり麻薬を断つ」を意味します。

My husband quit drinking cold turkey.

(夫ったら、突然お酒を止めたのよ)

などと使われます。この場合、なぜ cold turkey という
表現が使われるかと言いますと、麻薬患者が麻薬を急に
止めると、患者の肌に現れる症状が料理用に羽毛がむし
られ、冷蔵庫で冷やされた七面鳥に似ているからとされ
ています。

# 「じゃがいも／ポテト」と potato

英語の potato には《俗語》で「頭、おつむ、醜い顔」という意があります。potato-head は「ばかな、まぬけな」、like a sack of potatoes は「ぶかっこうな、見苦しく」を意味します。日本語でも「イモ」は「イモねーちゃん」など「田舎者」を指したり、スマートでない人を形容するのに使われます。このように、「イモ」にも potato にもあまりいい意味はなく、マイナス・イメージが強いようですね。

焼きたてや煮たてのイモが好物という読者も少なくないと思います。ところが、焼きたてのイモは、熱くて素手で掴むのに苦労します。そこから、《俗語》hot potato に「（誰も処理したがらない）厄介な・不快な問題、扱いにくい・不愉快なもの」という意が生まれました。drop something like a hot potato は「あわてて〜を捨てる、惜しげもなく〜を捨てる」を意味します。また、small potatoes は「つまらない人や物、たいしたことのない人や物、はした金」を意味します。

「フライド・ポテト」(fried potato) を知らない人はいないでしょう。が、これは、アメリカでは一般に French fries と呼ばれています。アメリカでフレンチとは変な話ですが、このポテトの揚げ方、元々はフランスが起源だからです。French fried potato が正式ですが、日本ではなぜか French が取れて、fried potato という呼び名が定着しました。

　他に potato を使ったイディオムには、couch potato があります。couch potato《米俗語》とは、「長いす（ソファー）に寝そべって、スナック菓子を食べながら、終日、テレビやビデオを見ている人」のことで、結果として大きなポテトみたいになることから命名されたものです。couch potato をなぞった表現に、mouse potato《俗語》「マウス・ポテト」があります。日長、パソコンに向かってインターネットやゲームに興じている人、つまり「長時間コンピュータに向かう人」のことです。ここでの mouse とは、もちろん、机の上をすべらせて、ディスプレイ上の矢印を移動させて入力操作を行うコンピュータ装置のことで、日本語としても定着しているのはご存じの通りです。

# 「ソース」と sauce

「ソース」は、もちろん料理で使う種々の液体調味料の
ことです。が、英語の sauce には《俗語》で「酒、麻
薬」という意もあります。on the sauce は「酒浸りで、
アル中で」、off the sauce は「禁酒して」という意です。
また、be lost in the sauce は「酒に酔っている、へべれ
けになっている」、さらに hit the sauce は「大酒を飲
む」を意味します。sauce にはまた、《口語》で「ずう
ずうしさ、少々生意気なことば（振る舞い）」という意
もあります。たとえば、

　　What sauce!
　　（まあ失礼な！）
　　(Give me) none of your sauce!
　　（生意気言うな！）
などと使われます。比喩には、「味を付けるもの、面白
みを添えるもの」という意があります。

　　Dance is the sauce of her life.
は「ダンスは彼女の生活に刺激を与えている」という意
です。

# 「卵」と egg

egg には《俗語》「男、やつ」という意があります。egg の前に修飾語をつけた He's a bad egg. は、「ヤツはろくでなしだ、あいつは悪党だ」を、You're an old egg！は「この老いぼれ野郎！」を意味します。

小さな子どもが食べ物を口の周りや顔に付けて食べているのは可愛いものですが、大の大人がご飯粒を顔に付けていたら様にならず、「恥（恥ずかしい）」ですね。つまり、間違いやミスのために恥をかくことを、英語では have ［get］egg on one's face と言います。この場合、egg に冠詞を付けないことに注意を。これは《口語》で「間抜けにみえる、（ヘマをして）決まりが悪い思いをする、赤面する」という意です。日本語の「顔に泥を塗る」とは少しニュアンスが違います。

I had egg on my face.
は「ヘマして恥をかいちゃったよ」という意です。

また、lay an egg には「卵を産む」のほかに、《米俗語》で「（作品・興業などが）失敗に終わる、（冗談が）全く受けない」という意で、卵の形を数字の 0「ゼロ」に見立てた表現です。イギリスでは元々、クリケットで

ゼロを表すのに duck's egg（アヒルの卵）を使っていました。アメリカで野球が流行しだした頃にはまだこの表現を使っていましたが、アメリカ人の感覚では duck's egg が小さすぎるようで、goose egg（ガチョウの卵）を使うようになったのです。その後、野球のみでなく、他のスポーツにも使われ、さらに学校の成績などにも「ゼロ」の意味で広く使われるようになりました。たとえば、

　　I've got a goose egg in Math again.
　　（おれ、数学でまた 0 点取っちゃったよ）
などと使われます。さらに、walk on eggs は《口語》で「慎重に振る舞う、気をつけて歩く、薄氷を踏む思いがする」を意味します。skate on thin ice「薄氷を踏む」と同じ意です。卵の殻が割れやすいことから、容易に想像がつきますね。

　ところで、日本語では何の卵でも「卵」一語で表しますが、英語では産んだ生き物によってもイロイロに呼ばれます。もちろん、egg は「鳥類・爬虫類・昆虫の卵」ですが、spawn は「魚類・両生類の（柔らかい）卵（の塊）」で、roe は「イクラや数の子など食用の魚卵」のことです。さらに、日本語の「卵」は、比喩で「一人前を目指して修業している人」という意で使われます。た

とえば、「医者の卵」は a doctor in the making で、「画家・芸術家の卵」は an artist in the making〔a prospective artist〕、「作家の卵」は a future writer（未来の作家）、「役者の卵」は a budding actor〔an actor in embryo〕（新進の役者。bud は名詞で「芽、つぼみ、未熟な人」、動詞で「芽を出す、つぼみをつける」の意）、「弁護士の卵」は a fledgling lawyer（駆け出しの弁護士）です。こう見てくると、卵にもいろいろなタマゴがありますね。

　実は、卵料理の種類も豊富にありますが、ここでは省略します。ちなみに、日本語で、「卵」という漢字は一般に料理されていない殻のついたものに使い、「玉子」という漢字は料理されたものに使うことが多いそうです。

# 「チーズ」と cheese

cheese には《口語》で「重要人物」、《俗語》「たわごと、うそ、ばか話」という意があります。なんと言っても傑作は、戯言的な《俗語》で cut the cheese です。意味は、下品ですが、「屁をこく、オナラをする」です。

もう40年以上も前のことですが、妻子同伴で研究員としてアメリカへ赴いた時、わが家（アパートですが）で同僚やその家族を招いて、ささやかなパーティを開いたことがあります。妻が酒の肴に、I cut the cheese.（チーズを切ってきたわ）と言って、台所からチーズを切って持ってきました。なぜか、その場にいた多くの人がイヤな顔をしました。なぜかお分かりですか？

実はこの cut the cheese という表現はチーズを切ったときに出るあの独特の臭いが「オナラの臭い」に喩えられます。当時は筆者もその意味を知らなかったので、彼らがなぜイヤな顔をしたのか不思議でした。後で知ったのですが、妻はあの時、I cut the cheese. ではなく、I sliced the cheese thin. と言うべきだったのです。

cheese の匂いのついでに、toe cheese も紹介しておきましょう。これは、足の指の間から放つ悪臭から生ま

れた表現で、「（形・匂い・味が）気味悪い、嫌悪感をもよおすもの」という意です。

また、Say cheese!「はい、笑って！」は、写真を撮る人が被写体に向かって発する言葉ですね。さらに、cheese には動詞で「止める」という意もあります。Cheese it! は「よせ！、気をつけろ！」という意になります。

さらに、cheese を使った a big cheese（大きなチーズ）という面白い表現があります。実は、この cheese の語源は、「物」を意味するヒンディー語の cīz です。昔、植民地時代のインドにいたイギリス人が、この語を英語に取り入れたのが由来とされています。この語はかつて単独で、「有力者、大物、リーダー、重要人物」を表していましたが、今日では、一般に big をつけて使われます。発音が似ているため、英語では cheese と綴られるようになったのです。今日、この語に 定冠詞 the を付けると、「最高の有力者、総責任者、顔役、ボス」などを意味します。ただし、この語は直接本人に向かって使われることはなく、通常は地位の高い人や自分で自分を偉いと思っている人に冗談っぽく、あるいは皮肉っぽく言う時に使われます。噂話をする時にも使われます。たとえば、

A: Who is the big cheese of this big hotel?

（この大きなホテルの総責任者は誰なの？）

B: It's the young quiet woman over there.

（あちらの若い、おとなしい女性です）

などと使われます。

# 「茶」と tea

　ご存じのように、日本語の「紅茶」は英語で tea です
が、英語では black tea とも言います。では、赤い色を
した紅茶がなぜ black tea と呼ばれ、日本語では「紅
茶」と呼ばれるのでしょうか？　これは、英米では茶葉
の色を指し、日本では淹れたお茶の色を指すからです。
ただし、black tea は、black coffee と同じく、「ミルク
の入っていない紅茶」を意味することもありますので、
少々ややこしいです。ちなみに、white tea は「ミルク
の入った紅茶」のことです。tea に入れるのは、コーヒ
ーの場合と異なり、クリームではなく「ミルク」が一般
的です。概してイギリス人は tea with milk（ミルクティ
ィ）を、アメリカ人は tea with lemon（レモンティ）を
好んで飲むようです。また、アメリカ人は仕事の合間の
休み時間、つまりお茶の時間を coffee break と言います
が、イギリスはもちろん tea break と呼びます。

　イギリス人は毎日午後に、お茶を飲みながら伝統的な
軽食（マフィン、スコーン、サンドイッチなど）を摂り
ます。これは、afternoon tea（アフターヌーン・ティ）
と呼ばれます（単に《英》(high) tea と呼ぶこともあり

ます）。午後遅くまたは夕刻に軽い食事と共に飲む紅茶のことです。場合によっては、昼食に正餐（せいさん）（dinner）をとり、夕方に紅茶に肉料理を添えて早めの夕食とすることもあります。この習慣は、最近、少々廃れてきた感があるようです。

　a cup of tea [kʌpəti:] は「1杯の紅茶」という意で問題ありませんが、one's cup of tea とすると、婉曲的に「（人の）好きなもの、お気に入りのもの、好み」という意になります。紅茶好きなイギリス人の発想によることがわかります。この表現は一般に、

　　*Enka* is not my cup of tea.

　（演歌は私の性に合わないわ）

のように、否定文で使われます。

　注意したいのは、tea には「（病人用の）濃い肉食スープ」のほかに、《俗語》で「マリファナ」の意もあることです。「お茶にしようよ！」のつもりで、Let's have tea! と言うと、「マリファナやろうよ！」という意になります。使用する場合は注意が必要です。

　「茶」を使った日本語を見てみましょう。「臍（へそ）が茶を沸かす」は be the joke of the century で、「ボブが教師になったって？　臍が茶を沸かすよ」は、

　　Bob became a teacher? That's the joke of the century.

と表現します。また、「臍が茶を沸かすよ」は、

    No kidding!

    That's a big joke.

    Don't make me laugh!

などと表現することもできます。

さらに、「お茶を濁す」は pussyfoot around で、「お茶を濁さないで、思っていることをはっきり言えよ」は、

    Don't pussyfoot around. Speak up what you have in
    your mind.

と表現します。pussyfoot（子猫のように忍び足で歩く）は、「はっきりしない態度をとる」を意味します。この意では、give an evasive reply「歯切れの悪い返事をする」も使われます。

# 「トマト」と tomato

　日本でも「トマト」は栄養価の高い野菜として、食卓で重宝されています。英語の tomato には、《俗語》「性的に魅力のある女性、かわい子ちゃん、美人」という意もあります。たとえば、

Have you seen our new teacher's wife? She's some tomato!

　（新しい先生の奥さん見たかい？　結構な美人だぞ！）
などと使われます。ただし、この語をこの意味で使うことに不快感を抱く人がいますので、使用には注意が必要です。また、egg and tomato reception というイディオムもあります。これは、「（いやな人に）卵やトマトをぶつけること」という意です。

## 「肉」と meat

meat とは「食用肉」のことです。食用でない肉は flesh と言います。家禽の肉は fowl とか poultry で、魚肉は fish です。

meat は、比喩で「（問題・話の）要点、趣旨、中身、実質、心の糧、楽しみ」、《俗語》で「楽な（競走）相手、ちょろいやつ」という意で使われます。たとえば、

I didn't get the meat of his speech.

（私には彼の講演の要点がわからなかったわ）

などと使われます。

日本食の「基本」は何といっても、ご飯にみそ汁、それにタクアンです。もちろん、今日、これだけで食事を済ませる人はマレでしょうが。これに対して、英米の「食の基本」は「肉とジャガイモ」です。ここから、meat and potatoes が《口語》で「素朴、質実、基本的なもの、要点、核心、基礎」を意味するようになりました。したがって、形容詞の meat-and-potatoes には「（肉とジャガイモのような）粗食の」のほか、「基本的な、重要な、日常的な」という意味があります。たとえば、

Let's get back to the meat-and-potatoes of the issue.

（問題の基本に話題を戻そうよ）
などと使われます。

## 「パイ」と pie

pie の語源は日本語で「カササギ」と呼ばれる magpie という鳥だそうです。この鳥は、巣に何でもぎっしり詰め込むのが特徴で、「パイ」の材料も種々雑多であることから派生したとされています。さらに発展して、その性格や特質から、chatter-pie が《口語》「おしゃべりな人」を、hair-pie が《卑語》「女性の性器」を指します。

よく使われる pie を使った表現には、(as) easy as pie があります。この表現の起源は、19 世紀に流行った歌 *Easy as Eating Pie*『パイを食べるように容易に』で、これが短縮されたものです。「朝飯前の、とても簡単な、お茶の子さいさいで」という意味です。(as) easy as apple pie も同じ意味で使われます。また、(as) nice [sweet] as pie「（予想に反して）とても親切な、上機嫌で、とても愛想よく」という表現もあります。したがって、《米俗語》では、pie だけでも、「楽なもの、（依頼に対して）お安いご用（です）」を意味することがあり、

That's pie for her.

（それは彼女には何の雑作もないことだよ）
などと使われます。

アメリカの家庭では、母親（や奥さん）がいろいろ趣向を凝らして apple pie を作ります。家庭によって味が微妙に異なる菓子（特に、デザート）です。日本のみそ汁や漬け物が家庭によって味・風味が微妙に異なるのと同じと考えてよいでしょう。したがって、《米》での mom's apple pie は日本の「おふくろの味」に当たりますが、「おふくろの味」は mom's best ［home］cooking とも表現されます。

　have one's fingers ［a finger］in the pie は「（～と）関係している、（～に）一枚かんでいる」という意です。in the pie ではなく in every pie を使って、have one's fingers ［a finger］in every pie（どのパイにも指を入れる）とすると、「手広くやる、何にでも手を出す」という意になります。

# 「バナナ」と banana

banana には軽蔑的な《米俗語》として「欧米かぶれ
の東洋人、白人べったりの東洋人」という意があります。
肌は黄色いが、考え方が白人と同じという意で、そのよ
うな東洋人を軽蔑して表現したものです。《黒人俗語》
では「（性的魅力のある）肌の色の薄い黒人女性」を意
味します。また、《卑語》ではその形状からか「ペニス、
男根」という意でも使われます。

ところで、路上に落ちているバナナの皮を踏むと、滑
って危険です。このことから、banana skin は《英口
語》「失敗、つまずき」を意味します。slip on a banana
skin［peel］（バナナの皮で滑って転ぶ）は、「（政治家な
どが）失態を演じる、（公人などが）バカなことを言う、
問題を起こす、ヘマをする」という意で、主にマスコミ
で使われます。

こう見てくると、どうも、バナナにはあまりいいイメ
ージがないようです。

# 「ピーナッツ」と peanut

　peanut は《口語》で（親が子どもに、また男性が好きな女性に対して）「ねえ、あの、かわい子ちゃん、あなた、お前」（sugar より品のない語）など呼びかけとして用いられます。複数形の peanuts《口語》は「はした金、二束三文、つまらないもの、取るに足りない人、微々たるもの、雀の涙」という意で、work for peanuts（ピーナッツのために働く）は「はした金で働く」を意味します。たとえば、

A: Your PC looks new.  Did you buy new one?

（君のパソコン、新しそうだね。新品を買ったの？）

B: No, it's used.  But I got it for peanuts. [= It cost me peanuts.]

（いいや、中古だよ。とっても安かったんだよ）

などと使われます。

## 「豚肉・ポーク」と pork

　pork が「豚肉（の一部）」ということはどなたもご存じのことと思います。食肉として頭数を数える場合などには、「豚肉」の意で pig が使われることもあります。pig（豚）には「下品、不浄、不潔、無作法」という強いマイナス・イメージがあり、人間についてもこうした軽蔑的な意味で使われます。欧米人には、豚を想像すると食欲がなくなるという人がかなりいます。また、ユダヤ教徒・イスラム教徒は宗教的な理由で豚肉を食べることが禁止されています。その理由は、簡単に言うと、豚は何でも食べるので、「不潔」だからだそうです。

　pork という語が比喩として使われる例は少なく、《米口語》で「（特定選挙区への）政府事業計画、政府事業交付金、（地方への政略的な）補助金」です。pork barrel と言われることもあります。豚はガツガツたくさん食べるせいか、pig out は《米口語》で「ガツガツ食べる、たらふく食う」という意です。

　また、食肉用に去勢した雄豚を hog と言い、その肉も hog と呼びます。昔、上流階級や裕福な人だけが口にした hog は、庶民の口には入りませんでした。した

がって、庶民は祝祭日や特別にお金の入った日にのみ豚肉を食べることができたので、hog はお金と関係があり、「贅沢」という意で使われます。ここから、live high on the hog（豚を食べてよい暮らしをする）は「贅沢な生活をする、恵まれた環境にいる」を意味するようになりました。反対の「質素に暮らす」は live low on the hog です。

## 「ブドウ」と grape

grape は「祭り、歓待、豊穣、快楽」などを連想させます。緑色のブドウは white、黒紫色のブドウは black と呼ばれます。grape は、通例、房になっているので、複数形で使います。単数形の grape はブドウの一粒一粒を指し、数える時は a bunch of grapes（一房のブドウ）と言います。

sour grapes（酸っぱいブドウ）は、ほとんど入手できないものについて言う「負け惜しみ、ヤセがまん」のことです。諺には、

The grapes are sour.

（負け惜しみだよ）

があります。あるキツネがブドウの木のところへ来ました。おいしそうなブドウなので、取ろうとしましたが、高くて手が届きません。何度飛び上っても無理です。とうとう諦めたキツネは、「あのブドウは酸っぱくて、食べられないぞ」と、近くにいた動物に負け惜しみを言って、その場を去ったのです。おなじみの『イソップ物語』にある「キツネとブドウ」(The Fox and the Grapes) という寓話が由来です。この寓話から、sour

grapes に「負け惜しみ、ヤセがまん」の意が生まれた
のです。

# 「ベーコン」と bacon

bacon はもちろん、食べておいしいあの「ベーコン」のことです。ところが、bring home the bacon というイディオムは、《口語的》「生活費をかせぐ、家族を養う、命拾いをする」を意味します。たとえば、

Who brings home the bacon?

（誰が家族を養っていると思うんだ？）

などと使われます。この表現は、スポーツの試合などで賞品としてもらったベーコンを持ち帰ったことから生まれた表現です。

アメリカで昔、地方の祭りで全身に油を塗った豚 (pig [hog]) を捕まえる催しがありました。ヌルヌル滑る豚を運良く捕まえた人には、賞品としてその豚が与えられました。賞品としてもらった「豚」を持ち帰ったので、もとは bring home the pig [hog] と表現されていました。いつの頃からか pig [hog] が豚肉を処理した bacon に変わりました。賞品として bacon が与えられたので、bacon が「賞品」を意味するようになり、bring home the bacon が「試合やコンテストで勝つ、賞品を持ち帰る」から発展して、「生計を立てる、家族を養う、

生活の糧を稼ぐ」を意味するようになったのです。

## 「豆・ビーンズ」と bean

bean は、《口語》で「つまらぬ物」、《俗語》で「びた一文」を意味します。be not worth a bean は「何の価値もない」という意で、「一文無しだよ」は、

I haven't got a bean.［= I'm without a bean.］

と表現します。do not know beans about it は《米口語》「（〜については）全く知らない」という意になります。さらに、be full of beans（豆で一杯で）は《口語》「元気いっぱいである」という意で、馬に餌として豆をたくさん与えると、馬が元気になったことからとされています。ちなみに、beanstalk は「豆の茎」を意味します。bean-stalk を使った童話『ジャックと豆の木』の英語タイトルは、*Jack and the Beanstalk* です。

# 「ミルク・牛乳」と milk

milk を使った面白い表現には、come home with the milk があります。《英》でおどけて「（夜通しのパーティのあと）朝帰りする」という意です。朝早く牛乳配達（人）が牛乳を配達する時間帯に帰宅することから生まれた表現です。読者の中には、朝帰りで、バツの悪い思いをされた方はいらっしゃいませんか？たとえば、

Steve is in the doghouse with his wife because he came home with the milk this morning.

（スティーブったら、今朝、朝帰りで、奥さんがすっかりおかんむりだよ）

などと使われます。be in the doghouse (with someone) は、「（相手の機嫌を損ね、その人との）関係がまずいことになっている」という意です。

# 「リンゴ」と apple

　リンゴはビタミンが豊富なため、日常生活で身近な果物とされていますね。英語には、

An apple a day keeps the doctor away.

（一日1個のリンゴ、医者いらず）

という諺があるほどです。リンゴは健康によい（一日1個のリンゴを食べると健康によい）ので、医者の世話にならなくて済む、という意です。ところで、日本人は一般に、リンゴの色として「赤」を連想しますが、多くの西洋人は「緑色」(green) を連想するようです。これは、ヨーロッパのリンゴは、実際、緑色の品種が多いためとされています。

　リンゴは英語表現の中にもよく登場します。後の章で説明しますが、《米俗語》で apple polisher（リンゴを磨く人）があります。「ごますり（をする人）」という意味です。

　apple は貴重なビタミン源であるため、「かけがえのない物」の比喩としても使われます。「瞳」という意味もあります。もちろん、「瞳」は大事な体の部位ですから、the apple of one's eyes は「大切な人や物、目の中に

入れても痛くないほど大切な人や物、お気に入りの人、掌中の珠」を意味します。

また、upset the apple cart（リンゴ売りの手押し車をひっくり返す）は、「（人の）計画などを台無しにする、計画をくつがえす」という意です。ひっくり返すのはapple cart でなくともよかったと思いますが、リンゴがそれほど一般的な庶民の果物であったことを考えると、なるほどと納得がいきます。

ところで、love apple（愛のリンゴ）とは何のことかおわかりですか？　ちょっと想像しにくいですが、「トマト」のことです。語源はフランス語とされ、フランス人はトマトには催淫作用があると信じていたことに由来するとされています。トマトが栄養価の高い野菜であることからと考えられます。

# 「レモン」と lemon

　日本人には「レモン」は「爽やか」というイメージの
ほか、「ちょっと酸っぱい、失恋の味」もする不思議な
果物です。ところが、英米人に lemon は「酸っぱすぎ
る」のか、《俗語》では「不快な人、つまらない物」と
いう意があります。

　　His answer was a lemon.

は「彼の答えはなってなかったよ」という意です。さら
に《口語》では「欠陥車、欠陥品、不良品、がっかりさ
せる物・人」というネガティブなニュアンスがあります。
元々「欠陥車」という意でのみ使われていましたが、今
日の《米語》では「オンボロでうまく作動しない機械全
般」、つまり「不具合な物すべて」を指します。たとえ
ば、「あの野郎、俺に欠陥車を売りつけやがったよ」は、

　　That guy sold me a lemon.

と表現します。《英》では「魅力のない物・人、いやな
ヤツ、ブス」という意でも使われます。《黒人俗語》で
は「肌の色の薄い魅力的な黒人女性」を意味します。

　ちなみに、lemons と複数形にすると、《俗語》で
「(小さな)胸・乳房、混ぜもの入りの麻薬」という意に

なります。tea with lemon（レモンティ、ただし英語で lemon tea とは言わない）も、《口語》では「欠陥車、欠陥品、失敗作」という意になります。いずれにしても、レモンにはプラス・イメージがあまりないようです。

# 第 4 章

# 意外と似ている
# 英語と日本語

読者の中には、日本語と英語は表現が異なるので、意味も異なるとお考えの方が多いと思います。確かに、一般にはその通りです。しかし、日本語と英語にも、表現・意味が似ているものが少なからずあるのも事実です。

　たとえば、「壁に耳あり」は Walls have ears. で、「経験がものを言う」は Experiences will tell. です。また、「沈黙は金（なり）」は Silence is gold(en). で、「目には目を、歯には歯を」は an eye for an eye and a tooth for a tooth です。

　英語教育では、往々にして、日本語と英語の違いが強調されがちですが、上例のように、類似の表現で同じ意味、いや同じ表現で同じ意味をなすものが数多くあります。当然のことながら、異なる表現の学習は困難ですが、類似の表現や同じ表現なら学習は極めて容易になります。本章では、このように、日本語と英語で表現と意味が同じもの、似ているものを紹介しましょう。

「頭を使う」と use one's head

　Use your head! と言っても、頭に物を載せて運んだり、釘を打ったりすることを意味するわけではありませんね。use one's head は「物ごとを考える」という意で、日本語と英語で意味・表現形式が同じです。この場合、head の代わりに brain が使われることもあります。たとえば、

　Tom, use your head ［brain］more.

　（トム、もっと頭を使えよ）

などと使われます。


「雨降って地固まる」と After the rain comes fair weather.

　土は雨が降った後のほうが堅く締まるように、物ごとは紛糾した後の方が以前よりも良い状態になるという意です。類似の句には、

　After the storm comes the calm.（嵐の後に凪（なぎ）がくる）

　A broken bone is the stronger when it is well set.

　（折れた骨は、うまく繋（つな）げばそれだけ丈夫になる）

などがあります。

「嵐の前の静けさ」と The calm before the storm.

　この表現は、大騒動などが起こる前に、それを予感させるような不気味で平穏な状態を表します。After the calm comes the storm.（凪の後に嵐がくる）とも言います。After the storm comes the calm. の反対句です。この表現は、

　　It was only the calm before the storm.

　（それは嵐の前の静けさにすぎなかったよ）

などと使われます。


「案ずるより生むが易い」と It is easier to do something than to worry about it.

　１人でくよくよ心配するより、思いきって行動に移せば、案外、簡単にできることがある、という意です。この英語表現の直訳は（やってみると、思ったより易いことがある）です。類句には次のものがあります。

　　You never know what you can do till you try.

　（やってみなければ自分の力はわからない）


「言うは易く、行うは難し」と Easier said than done.

　口で立派なことを言うのは簡単だが、いざ実行するとなると、口で言うほど容易でない、という教えです。標

題の英語は、It's easier to be said than to be done. が短縮されたものです。たとえば、

I'd like to travel around the world, but with prices high as they are these days, that's easier said than done.

（世界一周旅行をしたいけど、近ごろの物価高では、言うほど簡単じゃないわ）

などと使われます。


「意志あるところに道は開ける」と Where there is a will, there is a way.

この will は「意志」を意味します。「やる気さえあれば、必ず方法が見つかる」という意です。日本語では、「精神一到何事かならざらん」とも言います。たとえば、

A: I don't have any way to do this.

（これをやるいい方法がないんだよ）

B: Nonsense. Where there's a will, there's a way.

（そんなことはないさ。意志あるところに道は開ける、だよ）

などと使われます。


「急がば回れ」と Haste makes waste.

急いでいる時には時間がかかるようでも、確実な手段

をとったほうが結局は早い、という意です。この諺は、英語でもよく使われ、「急ぐと無駄なことになる」を意味します。応用範囲も広く、「急いては事をし損じる」や「慌てる乞食はもらいが少ない」などの日本語の諺と同じ意です。類句には、次のものがあります。

Make haste slowly.

（ゆっくり急げ）

Slow and steady wins the race.

（ゆっくり着実にやれば、必ず競争に勝つ）

More haste, less speed.

（急ぐほど、ゆっくりと）

最初の類句は、「矛盾語法」と呼ばれ、「嬉しい悲鳴」とともに有名な表現です。


## 「一日一善」と a good deed a day

「一日に１つは善い行い（をする）」という意です。一日に最低１回は何か善いことを行うべきだという考えに基づいています。a good deed a day は、日本語の「一日一善」の概念と同じです。one's good deed for the day と言うこともあります。たとえば、

Try to do a good deed a day.（一日一善を心掛けなさい）

Helping an old man with carrying his stuff was my
good deed for the day.

（老人が荷物を運ぶのを手伝ってあげたことが、今日
の一日一善だよ）

などと使われます。


「一石二鳥」と To kill two birds with one stone.

　この英語表現の直訳は（1つの石を投げて、2羽の鳥
を落とす）ですが、日本語の諺は英語を和訳したものと
されています。一度の行為で同時に2つの目的を果たす
ことで、日本語の「一挙両得」という諺と同じ意です。
類句には、(to) serve two purposes（2つの目的がかな
う）があります。表題の諺は、次のように使われます。

　That will kill two birds with one stone.

　（それは一石二鳥だよ）


「いばらの道」と thorny path

　thorny は thorn「いばら」の形容詞で「いばらの生い
茂った、トゲの多い」という意で、比喩では「困難な」
とか「苦しい」、つまり「苦難に満ちた人生」を意味し
ます。a rocky road と言うこともあります。ちなみに、
「人生はいばらの道」は Life is not a bed of roses. と表現

することができます。次のように使われます。

You have to tread the thorny path to success.

（成功するためには、いばらの道を歩まなければならない）

「雨後の筍のように」と like mushrooms after rain

ご存じのように、雨が降るたびに、植物は新しい芽を吹き、いままで生えていたものは、さらに高く、太く生長します。つまり、雨が降った後には、筍が続々と生えることから、よく似た物事が次々に現れたり起こったりすることの喩えです。この英語表現の直訳は、（雨後のマッシュルームのように）ですが、筍とマッシュルームが入れ替わっただけで、日本語と英語で発想も意味も極めて似ています。たとえば、

Convenience stores have appeared in this area like mushrooms after rain.

（この地域には、コンビニが雨後の筍のように増えたね）

などと使われます。

「老いては子に従え」と When old, obey your children.

年老いてからは、我をはらずに、何ごとも子どもに任

せて、それに従うのがよい、という意です。when old
は when you get old が省略されたものです。類句には、

　　When you get old, you should listen to your children's
　　advice.

　　（年を取ったら、子どもの忠告に耳を傾けるほうがい
　　い）

があります。


### 「同じ釜の飯を食う」と to drink of the same cup

　寝起きや食事を共にし、かつ苦楽を分かち合った親し
い仲間関係のことを言います。同じ意味でも、日本語で
「釜」を、英語で「カップ」を使うのは面白いです。類
句には、(to) share many things、(to) live under the same
roof があります。たとえば、

　　The boss and I have drunk of the same cup for a while.

　　（ボスとはしばらく同じ釜の飯を食ったことがあるん
　　だよ）

　　He and I have shared many things

　　（あいつとは同じ釜の飯を食った仲だよ）

などと使われます。

「終わりよければすべてよし」と All's well that ends well.

　この英語の諺は「終わり方がよいことは、すべて結構なことである」を意味し、仕事が完成に近づいた時に、「物事は終わりが大事である」という戒めです。「仕上げが肝心」とも言います。この諺の反対句に A good beginning makes a good ending.（よい始まりがよい終わりとなる）→「初めよければ終わりよし」があります。とすると、物事は、初めが大事か、終わりが大事かわからなくなりますが、大事なことはやはり、Never do things by halves.「物事は中途半端で止めるな」ということのようです。言うまでもなく、halves は half の複数形です。日本語、英語ともに、同じ表現、同じ意味をなす好例と言えますね。


「顔に書いてある」と be written all over one's face

　この日本語表現は、「表情からハッキリうかがえる」という意です。英語では、be written all over one's face と表現します。たとえば、

　You're lying. It's written all over your face.

　（キミは嘘をついてるだろ。顔に書いてあるぞ）

などと使われます。日本語と英語で意味・表現形式が完

全に一致しています。類似の表現には、tell by looking at someone's face があります。これは、日本語の「顔を見ればわかる」にも近い表現と言えます。


「学問に王道なし」と There is no royal road to learning.

この表現は、学問には近道などというものはないので、コツコツと忍耐強く努力する必要がある、ということです。ギリシャの数学者ユークリッドの言葉で、元々は「幾何学には王道なし」という表現でしたが、後に「幾何学」が「学問」一般に使われるようになりました。ここでの royal road は、王侯の旅行のために整備された「楽な道、楽しい道」を意味することから、「王道」と呼ばれるようになったものです。類句には、

There is no easy street to learning.

があります。


「金が物を言う」と Money talks.

困難な事態を話し合いで解決できない時には、金銭が大きな威力を発揮する、という喩えです。Gold speaks. とも言います。この諺は、日本語と英語で表現形式と意味が一致しています。たとえば、

In the end, money talks.

（最後には金が物を言う）

などと使われます。ただし、英米人の中には、この諺を
「金の使い方で、その人の人柄がわかる」と解釈する人
も少なくありません。類句には、

Gold is an orator.

（黄金は雄弁家である）

もあります。


「金は天下の回り物」と Money comes and goes.

お金はいつも同じところに留まらず常に世の中を渡り
歩くので、いつかはお金のない人のところへも回って来
る、という意です。

動詞 come は「来る」で「話している相手が自分のと
ころへ来る、自分が話している相手の方へ近づいて行
く」という意で、到達点に重きが置かれます。他方、動
詞 go は「（話し手の方向でも聞き手の方向でもなく）
自分がいるところから（離れた）他のところへ行く、話
している相手から離れて行く」ことを意味し、視点や方
向に関わりなく出発点に重きが置かれます。

この諺は、金のない人たち、あるいは自らに対する負
け惜しみや慰めから生まれたと考えられます。

Money comes round, then rolls away.

（金はめぐり来て、めぐり出る）

という類句もあります。

「壁に耳あり（障子に目あり）」と Walls have ears.

　密談や内緒話は、誰がどこで聞いているかわからない
ので、秘密を守る時にはくれぐれも用心するように、と
いう戒めです。以前には、Posts have ears, and walls
have eyes to see.（垣根に耳あり、壁に目あり）という
表現で使われていました。類句には、

There are witnesses everywhere.

（至る所に人目がある）

があります。

　ちなみに、日本語では語呂合わせで、「壁に耳あり」
の後に「障子に目あり」と対にして表現することがあり
ますが、英語には決まった表現はありません。直訳的で
すが、The doors have eyes. とか The windows have eyes.
と言うとニュアンスが伝わりますが、あえて表現する必
要はありません。

「神のみぞ知る」と God (only) knows.

　まさに、「誰にもわからない」という意です。God の

代わりに Heaven が使われることもあります。日本語と英語で、意味・表現形式が完全に一致しています。類句には、

　　Who knows?

があります。「誰が知るものか（、いや誰も知らない）」という意の修辞疑問文です。たとえば、

　　A: What time do you expect Dad to get home today?

　　（今日はお父さん何時に戻るの？）

　　B: God only knows.

　　（神のみぞ知るだわ）

などと使われます。

　ただし、God knows. は「誰が知るものか」という捨てぜりふにもなりますので、使用には注意が必要です。


## 「棺桶に片足を突っ込んでいる」と have one foot in the grave

　この英語表現の直訳は（墓に片足を突っ込んでいる）ですが、「いつ死んでもおかしくない、死にかけている」ことを意味します。日本語の「棺桶に片足を突っ込んでいる」と全く同じ発想です。ただし、英語の場合は、老齢だけではなく、病気などでいつ死ぬか分からない状態の人にも使われます。たとえば、

Why did you lend that stingy old man so much money?
Don't you know he has one foot in the grave?

（あのケチな老人になんでそんな大金を貸したんだ
い？　あのじいさん、いつ死んでもおかしくないの知
らないのか？）

などと使われます。

「昨日の敵は今日の友」と Yesterday's enemy is now
today's friend.

　人の考え方や態度は変わりやすく、頼りにならないも
のである、という喩えです。この諺の反対句に、

Kind today, cross tomorrow.

（今日は親切、明日は意地悪＝昨日の友は今日の敵）

があります。cross には形容詞で「意地悪い」、あるい
は「不機嫌な」という意があります。say a cross word
は「意地の悪いことを言う」という意です。

「木を見て森を見ず」と You cannot see the forest for
the trees.

　物ごとの細部にばかり気をとられて、大局的な判断を
しようとしない、ということです。この英語表現の直訳
は（木のために森を見ることができない）です。forest

の代わりに wood が使われることもあります。類句には、

　You cannot see the city for the houses.

　（家が多くて、町全体を見ることができない）

があります。


　「経験がものを言う」と Experience will tell.

　この英語表現の直訳は（経験は語る）です。「経験することによって自然に理解できる」ということを意味しています。この tell は「物語る、知らせる」という意で、Time will tell.「時が経てばわかるよ」のように使われます。たとえば、

　It's experience that tells ［counts］ in this job.

　（この仕事は経験がものを言うんだよ）

　この count は「重要である、（～の）値打ちがある」という意です。


　「健全なる精神は健全なる身体に宿る」と A sound mind in a sound body.

　この英語表現の日本語訳は、長い間、（健全なる精神は健全なる身体に宿る）とされていました。が、最近になって、「身体が健全である者は自然に精神もそれにともなって健全である」と解されるようになりました。な

ぜなら、健全な身体を持たない人は精神も健全でないと考えられるからです。この諺は、ローマの詩人ユウェナリスの『風刺詩』にある「健全なる身体に健全なる精神が宿るように祈るべきである」という一節が元になっているとされます。


「あばたもえくぼ」と Love is blind.

　人を好きになると、欠点や醜いところも長所となり美しく見えることの喩えです。「あばたもえくぼ」にもこの英語が相当します。

　この喩えの類句には、次のものがあります。

　Love covers many infirmities.

　（愛は多くの欠点を覆う）

　If Jack's in love, he's no judge of Gill's beauty.

　（ジャックが恋に落ちると、ジルの美しさがわからなくなる）

　Jack と Gill は、（若い）「男性と女性」を指します。この表現は、英国の古い童謡の中の少年と少女の名前から取ったとされています。

　A: How could she fall in love with such a man?

　（彼女、どうしてあんな男に惚れてしまったんだろう？）

B: Don't you know 'Love is blind'?

（「恋は盲目」って知らないの？）

などと使われます。


「コップの中の嵐」と a storm in a teacup

　この英語の訳は、文字どおりに「コップの中の嵐」です。日本語では「コップ」で、英語では teacup ですが、基本的には日本語と英語で発想・表現形式が同じです。《米》では a tempest in a teacup、《英》では a storm in a teacup と言います。この表現は、「当事者にとっては大変なことであるが、客観的に見れば狭い範囲内の大したことのない空騒ぎ」を意味します。たとえば、

A: Shawn and his wife fight a lot, but it's usually just a storm in a teacup.

（ショーンと奥さんはよくケンカするけれど、しょせんコップの中の嵐だよ）

B: I think so, too.

（私もそう思うわ）

などと使われます。


「歳月（は）人を待たず」と Time and tide wait for no man.

年月は人の都合とは関係なく刻々と過ぎていくので、現在の時を大切にして努力を怠らないようにすべきである、という教えです。この英語表現の直訳は（時と潮は人を待たず）ですが、tide と time はほぼ同義で、頭韻を踏んでいます。したがって、この２つの語は、語呂合わせのために使われていると考えられます。日本語と英語で同じ教訓を伝えるために、同じ題材が使われているのは面白いことです。類句には、

　Time flies.
　（光陰矢の如し）

があります。この句の後に、like an arrow をつける日本人もいますが、これは日本語からの英訳と考えられます。元々は、like an arrow がついていなかったのです。


「財布の紐を握る」と hold the purse strings

　これは「お金の出入りを支配・管理する」という意です。《英》では、ハイフンでつないで purse-strings とも書きます。hold の代わりに control が使われることもあります。日本語と英語で意味・表現形式が一致しています。たとえば、

　Who holds the purse strings in your family?
　（お宅では誰が財布の紐を握ってるんですか？）

などと使われます。


「酒は百薬の長」と Good wine makes good blood.

　この英語表現の直訳は（よいワインはよい血を作る）
です。適量の酒は、精神の緊張をほぐして、気分を爽快
にさせるので、いかなる薬よりも身体によい、という意
です。類句には、

　Wine is like mother's milk.

　（よいワインは母親のミルクのように身体によい）
があります。


「死活問題」と a matter of life and death

　この英語の直訳は（生きるか死ぬかの問題、生か死か
の問題）です。この matter は「問題」、life and death は
「生と死」で、日本語と英語で全く同じです。次のよう
に使われます。

　The depression this time is a matter of life and death
　for us.

　（今回の不況は、我われにとって死活問題だね）

　ただし、否定の It's not a matter of life and death. は、
「そんなにたいした問題じゃないよ」という意になりま
す。

## 「試行錯誤」と trial and error

試みと失敗を繰り返しながら、徐々に目的に向かっていくことで、意味も表現形式も日本語と英語で極めて似ています。「試行錯誤で」は by trial and error、「試行錯誤の末」は after repeated trial and error と表現します。たとえば、

I have successfully developed new products through many years of trial and error.

（私たちは、永年の試行錯誤の末、ついに新製品の開発に成功した）

などと使われます。


## 「尻尾を巻いて」と with one's tail between one's legs

この英語表現の直訳は（両足の間に尻尾を挟んで）です。これは元々、犬が何かに追われたり形勢が悪いと判断したりした時に、尻尾を巻いて逃げ出すことから生まれた表現です。日本語の「尻尾を巻いて」という表現に相当します。比喩として、両言語とも「尻尾」を使うのは、偶然の一致でしょうか？ 一般には、run away などの動詞の後に使われます。たとえば、

A: How do you drive away a pushy door-to-door sales-
person?

（しつこい訪問販売員が来たら、どうやって追い払う
　の？）

B: He usually runs away with his tails between his legs
when I threaten to call the police.

（警察に電話すると脅してやると、大抵は尻尾を巻い
　て逃げて行くわ）

などと使われます。


「死人に口なし」と Dead men tell no tales.

　この英語表現の直訳は（死人はどんな話もしない）で
す。この英語表現では、tell と tale とが韻を踏んでいま
す。死んでしまった人は何を言われても抗弁も弁解もで
きない、という意です。死人に無実の罪をかぶせる時や、
自分に有利な証言を得たくてもできない時に使われます。
日本語を直訳して、Dead men have no mouth. と言って
も通じません。たとえば、

A: Why did the police bury the case?

（警察はその事件をなぜウヤムヤにしたんだい？）

B: Because the suspect was killed himself, and the dead
man tells no tale.

（容疑者が自殺して、死人に口なしになったからさ）
などと使われます。


「世間は狭い」と It's a small world.
　たとえばある日曜日、スーパーへショッピングに出か
けて偶然、知り合いの Helen と出会うとしましょう。
「世間は狭いですね」のつもりで、It's a narrow world.
と言うと、きょとんとされてしまいます。日本語では、
「意外な場所で知り合いに出会う、意外な場所に共通の
話題に興味ある人がいる」を意味して、「世間は狭いで
すね」と言いますが、これを直訳して、The world is
narrow. と言っても通じません。narrow は「（物体の）
幅が狭い・細長い」という意だからです。この場合、
　　It's a small world.
と表現すべきです。small は「面積が小さい・空間が狭
い」という意です。Small world. と縮めて言うこともあ
ります。
　　Imagine meeting you here. What a small world!
　（こんなところでお会いするなんて、世間って狭いわ
ね）
　それにしても、こんなに日本語と英語で意味・表現形
式が似ているのは珍しいですね。

「損して、得取れ」と Sometimes the best gain is to lose.

　一時的に損をしても、その損によって将来大きな利益を得る方がよい、という教えです。この英語表現の直訳は（最高の利益が、損失になることもある）です。この諺は通説であり、真理と反対のことを伝えているように見えますが、一種の真理を突いていると考えられます。次のような類句があります。

It is better to have loved and lost, than never to have loved at all.
（全く愛さないより、愛して失う方がよほどましである）
Love a dime and win a dollar.
（10セントを愛して、1ドルをせしめよ）


「たとえ火の中水の中」と go through fire and water (for someone)
「たとえ火の中水の中でも、あの人について行く覚悟です」などとは、最近あまり耳にしなくなりました。が、このコトバは、火の中をくぐり水の底に潜るような辛い目にあっても構わないという気持ちの喩えです。英語で

は、go through fire and water (for someone) と表現します。「（他人のために）労苦をいとわない、たとえ火の中水の中の意気込みでやる」という意です。たとえば、

I'd go through fire and water for you.

（君のためなら、たとえ火の中水の中、どんなことでもするよ）

He said he'd go through fire and water for me.

（彼、私のためなら、たとえ火の中水の中って言ってくれたのよ）

などと使われます。


「便りのないのはよい便り」と No news is good news.

no news は「便りがない」、good news は「よい知らせ」という意です。悪いニュースは必ず真っ先に伝わる、という発想から生まれた諺です。この諺は、真理と反対のことを言っているようですが、実は、一種の真理を突いている「逆説法」の例と言えます。次のように使われます。

I haven't heard from Steve for about six months.

（スティーブから半年も便りがないんだよ）

You don't have to worry. No news is good news, if you ask me.

（心配しなくていいよ。私に言わせたら、便りのない
のはよい便りよ）

　日本語と英語でこれほど酷似している表現も少ないで
すね。


「転石苔むさず」と A rolling stone gathers no moss.

　ご存じのように、イギリスでは、次々と職や住居を替
える人は、成功せず、お金も貯まらないと言われていま
す。つまり、イギリス人は、苔 (moss) に対して好まし
いイメージを抱いていると考えられるのです。したがっ
て、この諺は、イギリスでは、「一か所で辛抱するよう
に」との教えとして使われます。

　ところが、アメリカでは、より積極的に活動して、よ
りよい職を求めて転職する人が成功し、転職しない人は
成功しないと考えられています。つまり、アメリカ人は、
苔に対して好ましいイメージを抱いていないのです。こ
の諺は、上昇志向の強いアメリカ人には、一か所に留ま
っていると苔が生えて、動きがとれなくなると解される
のです。

　このように、文化、民族によって、「苔」に対するイ
メージが異なります。もちろん、この a rolling stone は
擬人化されていて、gather no moss は、イギリスでは

「財産がたまらない」、つまり「人生で成功しない」とい
う意に、アメリカでは移動しないと「成功しない」と解
されます。

　翻って、日本でもかつて、「石の上にも三年」が美徳
とされていました。しかし、近年、終身雇用や年功序列
の雇用体系が崩れ、実力主義、成果主義、実績主義が取
り入れられるようになり、この諺にもアメリカ流の解釈
が主流になりつつあります。たとえば、イギリスでは

I love you Bill, but I don't want to marry a man like a
rolling stone.

（愛してるわ、ビル。でも、根なし草みたいな人とは
結婚したくないの）

などと使われますが、アメリカでは、

My brother is one of those rolling stones who change
jobs from time to time.

（兄は時々職を替える上昇志向の強い人です）

などと使われます。


「沈黙は金（なり）」と Silence is gold(en).

　弁舌たくましくまくし立てるよりも、黙っている方が
よい場合が多い、という意味です。しゃべり過ぎに対す
る戒めです。

これは、ギリシャ・ローマ時代、銀は金よりも貴重な物とされていた頃に生まれた諺です。今日、「言わない」よりも「表現する」ことのほうが重視されている欧米で、いまだにこの諺が生きているのは面白いことです。「察しの文化」の日本では、言葉による表現よりも、表情や仕草を重視しますので、この諺は日本人の共感を呼ぶようです。元々は、Speech is silver but silence is golden. という諺で「雄弁は銀だが沈黙は金」でしたが、日常会話では、Silence is golden. のみを言うことの方が圧倒的に多いようです。

「沈黙は金」に対して、日本には「言わぬが花」(It's better left unsaid.) という諺があり、西洋の実利的な「金」に対して、日本語では情緒的な「花」で表現されるのは興味深いことです。

　この諺の「雄弁は銀」から、silver-tongued「雄弁な、弁舌さわやかな、説得力のある」というイディオムが生まれたのも頷けます。

「遠くの親戚より近くの他人」と A good neighbor is better than a faraway relative.

　いざという時は、遠くに住む親戚よりも、日ごろから付き合いのある近くに住む他人の方が頼りになる、とい

う意です。この英語表現の直訳は（よき隣人は遠くの親戚よりましである）で、日本語の諺と意味、表現形式が全く同じです。類句には、

　Better is a neighbor (that is) near than a brother far off.
　（遠くの兄弟よりも隣人のほうがよい）

　A near friend is better than a far-dwelling kinsman.
　（近くにいる友だちは、遠くに住む親戚より頼りになる）

があります。

　後者は、『旧約聖書』「箴言 (Proverbs)」（27:10）にある "a nearby neighbor can help you more than relatives who are far away."「近い隣人は遠い兄弟にまさる」という言葉が元になっています。頼りになるはずの親戚も、遠くに離れていてはいざという時に力にならない、という意です。


　「時が教えてくれる」と Time will tell.

　この英語表現は、「時間が経てば分かる、時が経ってみないと分からない」という意です。日本語と英語で意味・表現形式が同じです。Only time will tell. と言うこともあります。また、Time will tell. と単独で用いられるのはもちろんですが、Time will tell whether ［if］ …

「～については時がくればわかる」と、whether 節や if 節を続けることもよくあります。たとえば、

　　Time will tell whether he can get promoted.

　　（彼が昇進するかどうかは、時間が経てばわかるよ）

などと使われます。


　「時は金なり」と Time is money.

　この諺は、時間はお金と同じくらい貴重なので、無駄に費やしてはならない、という戒めです。標題はこの英語の日本語訳とされています。「大切な時や楽しい時が過ぎ去るのを惜しむ」という意の諺「一刻千金」と意味が似ているようですが、Time is money. は単に「時間の大切さ、時間の貴重さ」を強調しているにすぎません。たとえば、

　　Sorry I can't stop to talk now. Time is money, you know.

　　（申し訳ないけど、いま、立ち話する暇がないんだよ。時は金なりだからね）

などと使われます。


　「共稼ぎ（家庭）」と two-income family

　日本では、「共稼ぎの家庭」のことを、「弟のところは

二馬力だからな」などと言いますが、英語では two-income family です。また、a two-income household とか a double income household と言うこともあります。日常会話では、

We both work.

（共稼ぎです）

Both husband and wife work.

（共稼ぎなんです）

が一般的です。

　余談ですが、特にアメリカで「子どものいない共働き夫婦」は DINK（ディンク）と呼ばれます。DINK は Double Income No Kids の頭文字語です。


「波風を立てる」と make waves

　日本語と英語で発想がほぼ同じです。そのままにしておけばスムーズにいくものを、余計なことをして平穏な状態を乱す、という意です。「面倒を起こす」と考えて、cause trouble と表現することもあります。次のように使われます。

Don't say anything to make waves in the next meeting.

（この次の会議では波風を立てるようなことを言うなよ）

「ニワトリが先か卵が先か」と the chicken or the egg

　どちらが原因とも判断がつかない問題や状況について、日本語では「ニワトリが先か卵が先か？」と言います。英語でも、Which came first, the chicken or the egg? と表現し、次のように使われます。

　　This is just like the problem of which comes first, the chicken or the egg.

　　（これはまさに、鶏が先か卵が先かと同じ問題だよ）

　ところで、この表現、日本語が先でしょうか、それとも英語でしょうか？　これこそまさに、It's a chicken-and-egg problem. と言われそうです。


「馬車馬のように働く」と work like a horse

「元気に働く、一生懸命に働く」、つまり「馬車馬のように働く」は、英語では work like a horse と言います。これは、「馬のように（働く）」のイメージから、一般に「男性」について用います。「汗を流してガムシャラに働く」という感じの言い方です。日・英語で、意味・表現が似ています。たとえば、

　　My uncle has been working like a horse.

　　（叔父はずっと馬車馬のように働いてきたんです）

326

などと使われます。

　類句には、work like a dog（犬のように働く）があります。「なりふりかまわず働く」という意ですが、この場合の「犬」には、「自由がなく、ただ言われたとおり、奴隷のように一生懸命働く動物」というイメージがあります。したがって、この表現には「こんなに一生懸命働いているのに、少しも報われない」というニュアンスが含まれていて、work like a horse とはかなり意味が異なります。

## 「鼻の差で勝つ」と win by a nose

　競馬からの表現 win by a nose は、日本語と意味・表現形式ばかりでなく、使い方も同じです。文字通りに、

　The horse I have bet won by a nose.

　（僕が賭けた馬が鼻の差で勝ったよ）

のように使われます。が、比喩としては、

　The youngest candidate won by a nose.

　（最年少の候補者が鼻の差で勝った）

などと、日本語の場合と同じように使われます。

## 「腹黒い人」と a black-hearted person

　世の中には「腹黒い人」が少なからずいます。英語で

も、a black-hearted person［man］と表現します。日本語と極めて似ています。たとえば、

　　Robert is never a black-hearted guy.

　　（ロバートは絶対に腹黒いやつじゃないよ）
などと使われます。

　また、「腹黒い」を意味する他の表現には、evil-minded「悪意のある」、scheming「策を弄する、計略をめぐらす」などもあります。


　「光るもの必ずしも金にあらず」と All that glitters is
　not gold.

　人間でも何でも、「外見だけでは判断できない、見かけは当てにならない」ことの喩えです。「人は見かけによらぬもの」(Never judge people only by appearances.)とほぼ同じ意味です。語源は、13 世紀に生まれたラテン語の諺「輝くものみな金とは限らない」の英訳とも、シェークスピアの『ベニスの商人』の一文が元になっているとも言われています。まれに、glitter の代わりにglisten や glister が使われることもあります。類句には、

　　All is not gold that glitters.
もあります。

「必要は発明の母」と Necessity is the mother of invention.

不便や不自由を感じて必要に迫られると、自然と発明が生まれて成功する、という意です。necessity は「知恵の教師」と擬人化されることがあります。実は、この標題は『イソップ物語』「カラスと水差し」(The Crow and the Pitcher) でカラスの知恵について語った表現の日本語訳です。「窮すれば通ず」とほぼ同じ意でも使われます。

Necessity knows no law.（必要は法律を知らない）
という類句もあります。


「人はパンのみにて生くるにあらず」と Man does not live by bread alone.

この表現は、「人が生きるためには、物質的なものだけではなく、精神的な糧（信仰・満足）が必要だ」という『新約聖書』「マタイによる福音書 (Matthew)」(4:4) に出ている表現です。日本語は、この聖書の英語が元になっています。この場合、Man cannot live by bread alone. と言っても同じ意です。たとえば、

You do not live by bread alone. You require spiritual nourishment as well.

（食べ物だけで生きられるわけではありません。生き
　　て行くには、同じく心の糧（信仰）も必要なのです）
などと使われます。

　余談ですが、かつて「パンだけでは生きていけないの
で、ご飯も食べます」と宣った大学生がいましたが、甚
だしい誤解もいいところです。


　「非難の的になる」と become a target of criticism

　この日本語は英語と意味も表現形式も同じです。この
criticism は「非難、批判」という意です。

　Her thoughtless remarks made her a target of criticism.
　（彼女の不用意な発言は非難の的になった）
などと使われます。また、come under fire（砲火を浴び
る）も同じ意で使われます。


　「火に油を注ぐ」と add fuel to the fires

　この英語表現は文字どおり（炎に燃料を加える）で、
日本語の「火に油を注ぐ」と発想も表現形式も同じです。
面白いことに、この表現は、文字どおりの意味で使われ
ることはほとんどありません。通常は比喩として、

　Her remarks just added fuel to the fire.
　（彼女の意見はかえって火に油を注ぐ結果になった）

などと使われます。

　また、類句には add fuel to the flames がありますが、この場合の flame は必ず複数形 flames にします。


　「火の（気の）ないところに煙は立たぬ」と Where
　there's smoke, there's fire.

　噂が立つということは、それを裏付ける根拠がある、ということを意味します。類句には、

　Make no fire, raise no smoke.

　（火を焚かなければ、煙は立たない）

があります。たとえば、

　He claims to have had nothing with that woman, but
　where there's smoke, there's fire.

　（彼はあの女性とは何の関係もないと主張としているが、火のないところに煙は立たないよな）

のように使われます。


　「氷山の一角」と the tip of the iceberg

　文字どおり、tip は「（ある物の）先端、突き出ている部分」のことで、iceberg は「氷山」のことです。海面から顔を出しているのは、巨大な氷山のほんの一部にすぎません。したがって、the tip of the iceberg は「氷山

の一角」という意で、日・英語で意味と表現形式が一致しています。たとえば、

The recent school bullying is just the tip of the iceberg.

（最近の学校のいじめは氷山の一角に過ぎないよ）

などと使われます。上の例のように、the tip of the iceberg の前に just ないし only を付けて使われるのが一般的です。

「豚に真珠」と Don't throw pearls before swine.

この英語の直訳は（豚に真珠を投げ与えるな）です。価値のわからない者に貴重な品を与えることの喩えです。日本語の「猫に小判」という諺と同じ意味で使われます。この英語の出典は、『新約聖書』の「マタイによる福音書」（7:6）です。日・英語で「比喩」（「猫」と「豚」、「小判」と「真珠」）が異なりますが、同じ意で使われます。この諺では、throw の代わりに cast が使われることもあります。類句には、

A barleycorn is better than a diamond to a cock.

（ニワトリにはダイアモンドより大麦の方がよい）

があります。

「ペンは剣よりも強し」と The pen is mightier than the

sword.

「言論が人々に訴える力の強さは武力による強さよりも大きい」、つまり「文章（・筆）の力は武力よりも強い」という意の諺です。ペン (pen) は文筆による言論活動や思想表現を象徴する語です。might は「（人・物が）強力な、強大な、権勢のある」という意の形容詞で、powerful よりも強力さを強調する語です。次のように使われます。

It is proven by the press that the pen is mightier than the sword.

（報道の力で、ペンは剣よりも強いということが証明されています）


「吠える犬は噛みつかぬ」と Barking dogs seldom bite.

口うるさい者は、案外恐れるに足りない、あるいは実行力に乏しい臆病者である、ということの喩えです。「犬の遠吠え」とほぼ同じ意味で使われます。この英語表現の直訳は（激しく吠える犬はめったに噛みつかない）です。類句には、

Great barkers are not biters.

（怒鳴る人は噛みつかない）

That dog's bark is worse than its bite.

（犬が吠えるのは嚙みつくよりたちが悪い）
などがあります。


　「墓穴を掘る」と dig one's own grave
　この表現は、自分の行為が原因で破滅する、という意
です。比喩的には「自分で自分を窮地に陥れるようなこ
とをする」という意です。この英語は（自分の墓を掘
る）という意味で、日本語と英語で意味・表現形式が完
全に一致していますね。たとえば、
　With one lie, he dug his own grave.
　（彼は嘘をついて墓穴を掘ったよ）
などと使われます。また、類句には bring about one's
own ruin もあります。


　「右の耳から入って左の耳へ抜ける」と go in one ear
　and out the other
　この英語表現の直訳は（片方の耳から入って、もう一
方の耳から抜ける）です。「意見、忠告、注意」などを
しても、一向に効き目がない時や、ぼんやりしていて言
われたことが記憶に残らない時によく使われます。「馬
耳東風、馬の耳に念仏」などに相当しますが、この英語
に、「ありがたみが分からない」といったニュアンスは

ありません。次のように使われます。

My husband never takes what I say seriously. It just goes in one ear and out the other.

（主人ったら、私の話を真面目に聞いてくれないの。右から左に聞き流すだけなのよ）


「水と油（のように相性が悪い）」と oil and water

　この英語表現は、日本語と語順が逆になっているだけで、発想・表現形式が日本語と全く同じです。「相性の悪いもの、（人・物事などが）両立しないもの、交じり合わないもの」を表現する喩えです。たとえば、

Those two brothers are like oil and water.

（あの2人の兄弟は水と油だね）

などと使われます。ただし、「水と油である」というとき、be 動詞よりも mix という動詞を使うことが多いようです。たとえば、

John and Tetsuo mix like oil and water. They just never get along in anything.

（ジョンと哲夫は水と油だよ。2人は何事につけうまくやっていけないんだよ）

などと使われます。

## 「水を差す」と pour cold water on

　文字どおりには「水を注ぐ」ですが、物事の盛り上がりを白けさせるというニュアンスがあります。一般には、比喩で、「計画、考え、希望」などに邪魔を入れる場合に使われます。この句では、pour の代わりに throw が使われることもあります。

　That guy always pours cold water on my idea.
　（あいつは俺のアイディアにいつも水を差すんだよ）


## 「目には目を、歯には歯を」と an eye for an eye and a tooth for a tooth

「目には目を、歯に歯を」は an eye for an eye and a tooth for a tooth の日本語訳です。この表現は、『旧約聖書』「出エジプト記」(Exodus)（21:24-25）に、神がイスラエルの民に「目には目、歯には歯、手には手……打ち傷には打ち傷を」と告げたとあり、後に慣用的に使われるようになったのです。当時、これは復讐の原則とされ、それが正義であると考えられていました。

　ただし、キリストは、『新約聖書』「マタイによる福音書」（5:39-40）で、この原則を否定して「悪人に手向かうな。もし誰かがあなたの右の頬を打つなら、左の頬をも向けてやりなさい。あなたを訴えて、下着を取ろうと

する者には、上着を与えなさい」と教えています。

「湯水のごとく金を使う」と spend (one's) money like water

　この英語表現の直訳は（水のように金を使う）で、日本語の「湯水のごとく金を使う」と発想・表現が同じです。「際限なく金を使う、むちゃくちゃに浪費する」という意です。たとえば、

　How come Daniel can spend his money like water?
　（ダニエルはなんで湯水のごとくお金を使えるんだろ？）

などと使われます。この場合、like water の代わりに like it grows on trees「まるで金のなる木（でもあるか）のように」と言っても同じ意になります。

「良妻賢母」と a good wife and wise mother

　この表現は、日本語と英語で、意味・表現形式が同じですね。夫に対しては子どもを育て家を守るよき妻であり、子どもに対しては賢い母であることを表しています。また、この日本語は、そのような女性を表す四字熟語です。たとえば、

　Education for making good wives and wise mothers is

our school's motto.

（本校は良妻賢母の養成をモットーにしています）

などと使われます。


「良薬（は）口に苦し」と Good medicine tastes bitter.

人からの忠告や助言は受け入れにくいものですが、受け入れておけば自分のためになる、という喩えです。日本語と英語で意味・表現形式が一致しています。もっとも、この表現は中国から入ってきたとされていますが。類句には、次のものがあります。

Good medicine is bitter to the mouth.

Bitter pills may have blessed effects.

（良薬口に苦し；苦い薬にはありがたい効き目がある）


「ローマは一日にしてならず」と Rome was not built in a day.

ローマ帝国が長い年月にわたる人々の努力によって導かれたように、大事業は長い年月の大きな努力によって成る、つまり「大事業は一朝一夕には成し得ない、努力と忍耐なしに成功はない」という喩えです。

標題はこの英語の日本語訳です。最近では、仕事が順調に進まない時の言い訳や、仕事がはかどらない人に対

して使われることが多いようです。ちなみに、フランス
には、Paris was not built in a day. という意味の諺もあり
ます。さらに、類句には、

　　Many a little makes a mickle.

　　Many drops make a shower.

　　（塵も積もれば山となる）

などがあります。

# 第 5 章

# 微妙に異なる
# 日本語と英語の比喩表現

日本人も英米人も、物事を印象強く、かつわかりやす
く表現するために比喩表現を使います。たとえば、「朝
飯前」は英語では何と表現するでしょうか？「絵に描い
た餅」はどうでしょうか？　いずれも、日本語としては
日常的に使われる表現ばかりです。が、これらを英語で
表現しようとすると、そう簡単ではないことに気づかさ
れます。「朝飯前」は、もちろん It's before breakfast. で
はなく、(It's) a piece of cake と表現します。では、「絵
に描いた餅」は？　a painted rice cake ではありません。
a pie in the sky（空にあるパイ）と表現します。所詮、
空にあるパイは「絵に描いた餅」にすぎません。

　上例のように、易しい単語を３〜５個組み合わせた英
語の喩え表現は、単語の元の意味とは異なり、「外国語
としての英語」を学習する者には理解が難しいとされて
います。しかも、中には、日本語に似た表現もあります。
しかし、表現形式や比喩の対象は異なっても、日本人と
英米人が同じ（似た）発想をするのは面白いことです。

　本章では、これらの表現が日常会話で頻繁に使われて
いるにもかかわらず、字面からは、すぐに理解すること
が難しい比喩表現を紹介します。

「赤子の手をひねる（ようなもの）」と (like) taking candy from a baby

英語の直訳は（赤ちゃんからキャンディを奪い取るようなもの）で、「わけもないこと、極めてたやすいこと」を意味します。まさに「赤子の手をひねるようなもの」にピッタリの表現です。次のように使われます。

Deceiving the guy is like taking candy from a baby.

（あいつを騙すなんて、赤子の手をひねるようなもんさ）

また、(like) child's play（子どもの遊び）という表現もあります。「児戯に等しい」、つまり「簡単なこと」から、比喩で「赤子の手をひねる（ようなもの）」の意で使われます。


「朝飯前」と a piece of cake

「とても簡単なこと、朝飯前のこと、楽々できること、屁でもない、お安いご用（です）」と同じ意味です。a piece of cake の直訳は「ケーキ１切れ」ですが、「簡単なこと」を意味するインフォーマルな表現です。（１切れのケーキなら）「一口で簡単に食べることができる」

ことから、簡単な仕事や容易にクリアできる試験などに使われます。もちろん、It's before breakfast. では通じません。

他には、in one's sleep（眠っていてもできる）、as easy as pie（パイを作るほど簡単）もあります。また、no sweat（実に簡単）もあり、よく間投詞的に No sweat!「何でもないよ！、心配無用！」のように使われます。sweat は元々「汗」ですが、ここでは「大変な努力、骨の折れる仕事」を意味します。a piece of cake は、

Beating that guy is a piece of cake.
（やつをやっつけるのは朝飯前さ）
などと使われます。


## 「足を洗う」と wash one's hands of

英語では、「足」ではなく hand「手」が使われるのは面白いですね。この表現は、

He washed his hands of politics and became a teacher.
（彼は政治から足を洗って教師になった）
などと使われます。

また、「（悪習などを）キッパリ止める」という意の「足を洗う」には、kick the habit《口語》があります。次のように使われます。

She has finally kicked the drug habit.

（彼女はついに麻薬から足を洗った）

　さらに、「（ヤクザなどをやめて）堅気になる」の意の「足を洗う」には、go straight（真面目になる）という表現があります。したがって、「あいつは（ヤクザから）足を洗った」は、

That guy went straight.

と表現します。つまり「まっとうになった」という意です。

　ちなみに、標題から of を省いて wash one's hands とすると、文字どおりの「手を洗う」という意になります。


## 「あぶく銭」と easy money

「楽に手に入った金、努力せずに手に入った金」を日本語では「あぶく銭」と言います。英語では easy money です。easily gained money を短縮したものです。easy はもちろん「楽に、容易に」を意味します。たとえば、

Let's paint the town red tonight. I won some easy money at *pachinko*.

（パチンコであぶく銭が手に入ったから、今晩はパッとやろうよ）

などと使われます。

「油を売る」と shoot the breeze

　日本語では無駄話をして時間をつぶしたり、とりとめのない話をしたりすることを「油を売る」と言います。「油を売る」といっても、実際に油を売るわけではありませんね（もっとも、職業を尋ねられたときは別ですが）。英語では shoot the breeze と言います。俗語っぽい表現なので、若い人がよく使います。shoot は「（光・視線・言葉などを）放つ、次々と発する」、breeze は「そよ風」の意ですが、shoot the breeze で「油を売る」の意になります。この場合、sell や oil は使われません。このイディオムは、次のように使われます。

　Where did you shoot the breeze?

　（お前たち、どこで油を売ってたんだ？）

　また、類句には、shoot the bull（雄牛を撃つ）があります。《米俗》ですので、使用には注意が必要です。たとえば、

　How about stop shooting the bull and get back to work?

　（油を売るのを止めて、仕事に戻ったらどうなんだ）
などと使われます。

　ちなみに、「おしゃべり」に限らず、「仕事をサボる」には goof off という表現があります。

「アメとムチ」と the carrot and the stick

　相手をおだててその気にさせる一方で、厳しく管理して仕事などをさせる手段を、日本語では「アメとムチ（を使う）」と言いますが、これに相当する英語をご存じですか？　直訳の candy and whip では通じません。英語では、the carrot and the stick（ニンジンと棒）と言います。この表現がなぜ「アメとムチ」を意味するのでしょうか？　これは、馬を走らせる時に棒の先に好物のニンジンをぶら下げ、思い通りに走らない時は棒で打つことに由来します。同じ「褒美と罰」という発想に、日本語では「アメとムチ」が、英語では「ニンジンと棒」が用いられるのは面白いですね。たとえば、

A: In dealing with North Korea, a combination of the carrot and the stick is necessary.

（北朝鮮との交渉では、アメとムチを使う必要があるな）

B: Of course.

（もちろんですよ）


「生き馬の目を抜く」と It's dog-eat-dog world.

　他人を出し抜いて、利益を得たり立ち回ったりするこ

とです。英語の直訳は（犬が犬を食う世界）ですが、「生き馬の目を抜くような社会、食うか食われるかの世界、弱肉強食の世の中、極めて冷酷な競争社会」を意味します。特に獰猛（どうもう）な犬同士は、空腹の時に熾烈な戦いをします。人間も自分の欲望を満たすために情け容赦のない競争・戦いをすることがあります。ある作家が、このような場面を dog-eat-dog world と表現したのが始まりとされています。これは、社会で生きていくことの厳しさを表す表現で、主に政治やビジネスの社会について述べる場合に使われます。比喩として、日本語では「馬」が、英語では「犬」が使われるのは面白いです。

My niece works in the dog-eat-dog world of international business.

（姪は生き馬の目を抜くような国際ビジネス界で働いている）


「生き字引」と a walking encyclopedia

一般に知識が豊富な人のことを「生き字引」と言い、英語でも a walking dictionary を当てることが少なくありません。ところが、日本語の「生き字引」は、博識というよりも、ことばに関する知識の豊富さにポイントを置いているので、「生き字引」a walking dictionary が使

われます。英語では、博識の人を指すことが多く、a walking encyclopedia「歩く百科事典」が一般的です。たとえば、

That man is a walking encyclopedia about the world of
show business.

（あの人は芸能界については生き字引だよ）

などと使われます。


「イタチごっこ」と an endless game of cat and mouse

　日本語の「イタチごっこ」に相当する英語は、an endless game of cat and mouse（猫とネズミの終わりのないゲーム）ですが、「イタチ」ではなく「猫とネズミ」が使われるのは面白いです。この英語は「実りのない無意味な追いかけっこ」を意味します。

It's just an endless game of cat and mouse.

（それはまるでイタチごっこだよ）

などと使われます。

　また、激しい競争社会を意味して、a rat race（ネズミの競走）という表現も使われます。ネズミが輪の中を無限に走らされる様子から、「むなしい出世争い、愚かな競争」を意味します。

Marie left the rat race of the show business world and

became a high school teacher.

（真理恵は芸能界のイタチごっこに終止符を打って、
高校の教師になったよ）

などと使われます。


「一か八か」と (It's) sink or swim.

「一か八か」は「生きるか死ぬか、のるかそるか」とい
う意ですが、英語では、sink or swim（沈むか泳ぐか）
と表現します。この句は動詞として使われることもあり
ますが、sink-or-swim の形で形容詞としても使われます。

This is your last chance. Sink or swim, you have to try.

（今回が君たちの最後のチャンスだから、一か八か、
やるしかないんだぞ）

のように使われます。


「犬死にする」と die in vain

日本語には「みじめな死に方をする」という意で「犬
死にする」という表現があります。英語では、die a
useless death とか die to no purpose と表現します。直
訳の「犬死に」に近く、dog を使った die like a dog と
か die a dog's death という言い回しもありますが、これ
は「みじめな最期を遂げる」という意です。次のように

使われます。

I think that all the soldiers who died in wars died in vain.

（私は、戦争で死んだ兵士はみな犬死にしたと思います）

　また、「みじめな死に方をする」にも微妙な意味の違いがあります。厳密には、die in vain は「無益に・無駄に死ぬ」で、類似の die for nothing は「無意味に死ぬ」を意味します。たとえば、

Many people died in vain in the war.

（あの戦争では多くの人々が無駄死にした）

などと使われます。

　西欧では「犬は人間にとって最良の友」(A dog is man's best friend.) と言われ、ペットとしてもっとも親しまれている「動物」ですが、あまりいいイメージはないようです。


## 「牛の歩みで」と (at) a snail's pace

　直訳は（カタツムリの歩みで）です。カタツムリは、ご存じのようにゆっくり歩きますから、この表現の意味が想像できます。日本語の「牛の歩みで、のろのろと」に相当します。比喩として、日本語では「牛」が、英語

では「カタツムリ」が使われています。「牛歩戦術」は snail's pace tactics と言います。たとえば、

　A: How is your work going, Sam?

　（サム、仕事のほうはどうだい？）

　B: It's just at a snail's pace.

　（まるで牛の歩みだよ）

などと使われます


## 「うなるほどの金」と money to burn

　日本語では、お金がたくさんあることを「金がうなるほどある」とか「掃いて捨てるほど金がある」と言いますが、これに相当する英語は、have money to burn とか with money to burn です。「燃やしても惜しくないほど多くの金がある」という発想から生まれた表現です。たとえば、

　Ask Dustin to help. He has money to burn.

　（ダスティンに援助してもらえよ。やつはうなるほど金をもってるから）

のように使われます。


## 「瓜二つ」と be as like as two peas (in a pod)

　この英語の直訳は「莢（さや）の中の２つの豆のように（見た

目が）似ている」です。これは、日本語と英語で発想も用法も「瓜二つ」とはいきませんが、意味は同じです。

　like two peas in a pod という言い方もありますが、これには「瓜二つ」という意味のほかに、「いつも一緒に（いる）」という意味でも使われますので、使用には注意が必要です。

　Those two sisters are as like as two peas (in a pod).
　（あの 2 人の姉妹は瓜二つだね）
などと使われます。

　また、「みどりは母親と瓜二つだ」は、
　Midori looks just like her mother.
　Midori is her mother's double.
と表現することもできます。


## 「絵に描いた餅」と a pie in the sky

「絵に描いた餅」はどんなに上手に描けていても食べられないことから、「実際には役に立たない」ことの喩えです。英語の直訳は「空中のパイ」ですが、「（将来の希望など）当てにならないうまい話、絵空事、はかない望み」という意です。

　Your project is nothing but pie in the sky.
　（君のプロジェクトは絵に描いた餅にすぎないよ）

などと使われます。


「鬼のいぬ間の洗濯」と When the cat's away, the mice will play.

主人や上役が留守の隙に、仕事の手を休めて好き放題をする、という喩えです。英語の直訳は「猫がいない時、ネズミは遊び回る」です。away と play が韻を踏んでいます。日本語では「洗濯」を、英語では「遊び回る」を使うのは面白いです。他に「猫」と「ネズミ」の関係を表した諺に、Can a mouse fall in love with a cat?「ネズミと猫が恋をすることがあろうか（あるわけがない）」があります。たとえば、

A: Since my wife visits to see her parents, shall we paint the town red?

（妻が里帰りなんで、［夜の］街で大いに飲もうよ）

B: As the saying goes — when the cat's away, the mice will play.

（鬼のいぬ間の洗濯ってやつだな）

などと使われます。


「カエルの面に小便」と Like water off a duck's back

英語の直訳は「アヒルの背中に水をかけるようなも

の」です。アヒルの背中に水をかけても、羽は脂の働き
で水をはじくため、中に浸み込まず流れ落ちます。その
ために、何の影響も受けません。この表現は、他人の悪
口や批判などを意に介さず平然としている様を喩えたも
のです。日本語の「カエルの面」と英語の「アヒルの背
中」とでは対象が異なりますが、この対比は面白いです
ね。次のように使われます。

My son is hopeless. All our advices are like water off a
duck's back.
（息子は救いようがなくてね。我々の忠告はみなカエ
ルの面に小便なんだよ）


「（泳ぎは）カナヅチ（です）」と swim like a rock

泳ぎのできないことを、日本語では「カナヅチ」と言
います。英語では、swim like a rock（石のように泳ぐ）
と表現します。石は泳げないことから、反語的に表現し
たものです。「カナヅチ」も「石」も重くて、沈んでし
まいますので納得です。次のように使われます。

A: I go swimming to lose weight. Why don't you join?
（体重落とすために、水泳に行っているの。一緒に来
ない？）
B: Well, no. Because I swim like a rock.

（うん、よすわ。私はカナヅチだから）

## 「嘴の黄色い」と green

　日本語では、「(年齢や判断が) 未熟な、不慣れな、経験が浅い」ことを「嘴の黄色い」と言います。面白いことに、英語では、green という色彩語を使います。green は「若さ、新鮮」を象徴する語だからです。日本語でも、まだ熟していない果物が青い色をしていることを人に喩えて、未熟者のことを《俗語》「(ケツの) 青い」と表現することがありますから、同じ発想です。もっとも、日本語では「青」で、英語では green になるのは興味深いことですが。

　He is still green.

　（あいつはまだ嘴が黄色いよ）

などと使われます。また、green を使った (as) green as grass は「世間知らずで、(経験不足のために) 騙されやすい、無知な」という意です。

　That guy is as green as grass.

　（あいつは全くの青二才だ）

などと使われます。

## 「首が回らない」と be up to one's neck in

356

借金などで「首が回らない」を、英語では be up to one's neck in（〜で首まで埋もれている）と言います。「首のすぐ下まで（水が）きている」といった感じで、「ネをあげる、身動きが取れない」に相当します。「仕事で（忙しくて）身動きが取れない」は be up to one's neck in work、「トラブルが多くて首が回らない」は be up to one's neck in trouble と言います。たとえば、

　I'm up to my neck in debt.

　（おれ、いま借金で首が回らないんだよ）

などと使われます。


### 「けじめをつける」と draw a line

　この draw a line の直訳は「線を引く」ですが、line には「境界、限界、けじめ」という意味があります。比喩で、「境界をはっきりさせる、けじめをつける」を意味します。たとえば、

　Even between friends, let's draw a clear line on money
　matters.

　（いくら友達でも、金銭のけじめはきちんとしようよ）

のように使われます。

　また、draw a line between good and evil（善悪のけじめをつける）などと、draw a line between A and B の形

で使われることもしばしばです。たとえば、

　　In our office, you'd better draw a line between public
　　and private matters.

　　（会社では、公私のけじめをつけるように）

のように使われます。


　「犬猿の仲」と fight like cats and dogs

　ご存じのように、日本では仲の悪いものの組み合わせの代表は「犬と猿」です。英語では cats and dogs（猫と犬）です。「彼らは犬猿の仲だよ」は They are always fighting like cats and dogs. と表現します。cats and dogs が仲の悪いものの代表とされることには、いくつかの説があります。「猫」(cat) は大雨を降らし、「犬」(dog) は強風を招くという、北欧の伝説に由来するとするのがその１つです。下水道が完備していない昔のこと、激しい暴風によって洪水になると、小動物が溺れて死んでしまい、その死体が空から降ってくる様が猫と犬のように見えたというのが２つ目です。また、ギリシャ語の類音句 cata doxa（とてつもないほどに）からとか、「滝」を意味するフランス語の catadupe の音が訛って cats and dogs になった、などとする説もあります。いずれにしても、顔をつき合わせればけんかをする代表選手として、

日本では「犬と猿」、英米では「犬と猫」が当てられるのは面白いです。たとえば、

　Those two fought like cats and dogs until a couple of months ago.

　（あいつらは、2、3か月前までは犬猿の仲だったんだよ）

などと使われます。

　また、rain cats and dogs は「バケツをひっくり返したように雨が降る、土砂降りである」を意味します。少々おどけた言い方ですが、たとえば電話で、次のように使われます。

　It rains (like) cats and dogs over here.

　（こっちはいま、土砂降りよ）


「郷に入りては郷に従え」と When in Rome, do as the Romans do.

　他の土地へ行ったら、その土地の風俗・習慣に従うべきである、つまり環境に順応すべきである、という教えです。この英語の直訳は「ローマへ行ったらローマの人々がするようにせよ」です。この When in Rome は、When you are in Rome が短縮されたものです。他の Rome を使った諺には、

All roads lead to Rome.「すべての道はローマに通ず」

Rome was not built in a day.「ローマは一日にして成らず」

などがあります。


## 「心を入れ替える」と turn over a new leaf

日本語の「心を入れ替える」は、英語では turn over a new leaf と表現します。この leaf は「木の葉」ではなく、「（書物の）１ページ」のことです。したがって、文字どおりには「新しいページをめくる」という意ですが、比喩では心のページをめくって新しくすることから、「自分の悪い点を改め再出発する」を意味します。

Every April, I turn over a new leaf and study English conversation in earnest, but...

（毎年４月には、心を入れ替えて、英会話を本格的に勉強しようとするんだが……）

などと使われます。


## 「胡麻をする」と polish the apple

他人におべっかを使って、自分の利益をはかることで、「尻尾を振る」とほぼ同じ意です。つまり、「（結果を期待して）ご機嫌をとる」ことです。これに相当する英語

は polish the apple（リンゴを磨く）です。昔、アメリカの小学生が先生のご機嫌をとって成績を上げてもらおうと、リンゴをピカピカに磨いて先生にプレゼントする風習があったことから生まれたものです。

A: Tom's brother was promoted to section chief.

（トムの兄が部長に昇進したね）

B: I heard he was always an apple polisher when the boss was around.

（彼は上司がそばにいると、いつも胡麻をするって聞いたよ）

などと使われます。「胡麻すり、胡麻をする人」は an apple polisher と言います。また、「胡麻をする」の意では butter up もあります。butter は動詞で「バターを塗る」ですが、butter up で「おべっかを使う」の意になります。次のように使われます。

She always butters up her teacher.

（彼女はいつも先生に胡麻をするね）

さらに、「胡麻をする人、おべっか使い」には flatterer、soft-soaper、《俗語》ass-kisser などもあります。


「匙を投げる」と throw in the towel

日本語で「匙を投げる」とは、「諦める、見切る」で

す。医師が調剤用の匙を投げ出すという意から、病人を見放す、転じて見込みがないと諦め、手を引くことを意味します。これに相当する英語は throw in the towel（タオルを投げ入れる）です。これは、ボクシングの試合で、ボクサーが打ちのめされて挽回できない場合、セコンドが敗北を認める、つまり試合を放棄する合図として、そのボクサーのために用意した汗拭き用のタオルをリングへ投げ入れたことに由来します。「匙」と「タオル」と、投げるものは異なっても発想が同じなのは興味深いことです。次のように使われます。

Dr. Hill did his best, but he had to throw in the towel.
（ヒル医師はベストを尽くしたが、匙を投げざるを得なかった）

「三人寄れば文殊の知恵」と Two heads are better than one.

特別に頭がよくなくとも、3人集まって相談すれば、よい知恵が浮かぶものという意の「三人寄れば文殊の知恵」という諺に相当する英語が、Two heads are better than one. です。直訳は「2つの頭（脳）は1つの頭にまさる」ですが、この head は「人、知恵」という意で、「1人で考えるより2人のほうがよい」を意味します。

Two eyes can see more than one.

（２つの目の方が１つの目よりよく見える）

という類句もあります。

## 「時間つぶしをする」と kill time

時間が余って、何もせずに時間をつぶすことを、英語では kill time（時間を殺す）と言います。物騒な表現ですが、「何かをすることで、余っている時間を使う」ことです。たとえば、

Since I arrived an hour early, I killed time by browsing in a bookstore nearby.

（１時間早く着いたので、近くの本屋で立ち読みしてきたのよ）

などと使われます。

## 「十中八九」と ten to one

「非常に確率の高い」ことを英語では ten to one「一に対して十」と表現します。これよりオーバーには、a hundred to one とか a million to one などと言うこともあります。これは、日本語の「十中八九」と表現が異なりますが、意味は同じです。

ただし、この ten to one は、「非常に確率の高い」こ

とを表すこともあれば、逆の「百［万］に一つも～な
い」を表すこともあり、ややこしいです。いずれの意で
あるかは、前後の文脈から判断する必要があります。次
のように使われます。

It's ten to one that it will be fair tomorrow.

（十中八九、明日は晴れるよ）

ちなみに、nine (times) out of ten という表現もありま
すが、これは日本語の「十中八九」に似ていても、何か
を予測する時には使われません。「ほとんどいつも、た
いてい」を意味します。

Helen is late nine times out of ten.

（ヘレンはたいてい遅刻するね）


## 「釈迦に説法」と Don't teach fishes to swim.

直訳は（魚に水練を教えるな）ですが、日本語の諺
「釈迦に説法、河童に水練」に相当します。知り尽くし
ている人に、さらに教える必要がないことを喩えたもの
です。類義句には Don't teach your grandmother to suck
eggs. （祖母に卵の吸い方を教えるな）があります。「釈
迦に説法（をするな）、（相手が）分かりきったことを教
えるな」という意です。how to suck eggs は「（生）タ
マゴの吸い方」ですが、人生経験豊かなおばあちゃんに

分かり切ったことを教えるのは、正に「釈迦に説法」と言わざるを得ません。

通例、go を付けて命令文で使われますが、命令文の場合は「分かりきったことを言うな」と否定的な意味になります。たとえば、

Go teach your grandmother how to suck eggs. I've been doing this kind of work since I finished school.

（分かりきったことを言うなよ。俺は学校を終えてからずっとこの種の仕事をしてるんだから）

などと使われます。あまり書くと、

That's teaching your grandmother to suck eggs.

（それは釈迦に説法だよ）

と言われそうなので、この項については、この辺で。


「将棋倒し（になる）」と fall (down) like dominoes

この表現は、実際に「（物や人が）将棋倒しになる」時ばかりでなく、比喩として会社が「連鎖倒産する」時にも使われます。日本語では「将棋」が、英語では「ドミノ」が使われるのは面白いです。「ドミノ」を思い出すと、この英語表現が日本語の意味とマッチしていることがわかります。dominoes は必ず複数形で使われます。

After the earthquake, companies started falling like

dominoes.

（あの地震の後、会社が将棋倒しに倒産し始めた）

などと使われます。


「すし詰めになって」と packed like sardines

sardine は「鰯」で、can of sardines は「鰯の缶詰」
です。packed like sardines は「すし詰めになって、ぎゅうぎゅう詰めの」という意の決まり文句です。鰯の缶
詰には、鰯が少しのすき間もなく詰まっているイメージ
から生まれた表現です。日本語の「すし詰めになって」
と類似しています。たとえば、

The train in that country was always packed like (a can
of) sardines when I go on.

（あの国の列車は、私が乗った時はいつもすし詰め状
態だったよ）

などと使われます。


「その日暮らしをする」と live from hand to mouth

「その日暮らしをする」に相当する英語は live from
hand to mouth（手から口へ生活する）です。なぜかお
わかりですか？ 稼いだお金で食べ物が「手」に入ると、
その日のうちに「口」に入れて食べなければならないよ

うな、「貧しい生活をする」という意です。将来のこと
を考えず、預金もせずに呑気に暮らす場合にも、本人の
実力や努力にもかかわらず環境や運のせいで貧しい暮ら
しを余儀なくされる場合にも当てはまります。たとえば、

　　I didn't have a good job when I graduated from college,
　　so I had to live from hand to mouth.
　　（大学を卒業した時はいい職がなく、その日暮らしを
　　しなければならなかったよ）

などと使われます。


　「タヌキ寝入りをする」と play opossum

　　直訳は（フクロネズミのふりをする）です。opossum
とは「フクロネズミ」のことです（possum とも綴られ
ます）。play の代わりに act が使われることもあります。
フクロネズミには、ビックリしたり危険を察知したりす
ると「死んだふりをする」習性があることから生まれた
表現です。比喩として、日本語で「タヌキ」が、英語で
「フクロネズミ」が使われるのは面白いです。次のよう
に使われます。

　　When I went into his room, my son played opossum.
　　（息子の部屋へ行ったら、彼はタヌキ寝入りしていた）

「知恵を絞る」と beat one's brains out

　英語の直訳は（脳をたたき出す）ですが、「頭をひねって考える、一生懸命に考える」という意です。したがって、この表現は「知恵を絞る」という日本語に相当します。たとえば、

　A: Did you solve that math problem?

　（あの数学の問題、解けた？）

　B: No. I've beaten my brains out, but I couldn't figure it out.

　（いいや、懸命に知恵を絞ったけど、解けなかったわ）

などと使われます。


「捕らぬタヌキの皮算用」と Catch your bear before you sell its skin.

　直訳は（熊の皮を売る前に熊を捕らえよ）です。「ぬか喜びはするな」にも相当します。自分のものになることを期待して、その使い道をアレコレ考える時に使われます。日本語と英語で、比喩の「タヌキ」が「熊」に入れ替わっているだけで、発想は同じです。また、両方に、同じく「皮」が使われているのはミソです。Don't count your chickens before they are hatched.（卵が孵らないうちにヒヨコの数を数えるな）という諺が元になっ

ています。次のように使われます。

Are you sure you can make that much money? You
catch your bear before you sell its skin, don't you?

（本当にそんなに大金が手に入るの？　取らぬタヌキ
の皮算用じゃないの？）


「泥のように眠る」と (to) sleep like a log

sleep like a log は「丸太のように（身動きしないで）
ぐっすり眠る」という意です。sleep like a top（独楽の
ように眠る）も同じ意。日本語を直訳して sleep like
mud などとしないように。たとえば、

Haruna slept like a log for more than 15 hours after the
final exams.

（期末テストが終わって、春菜は 15 時間以上も泥のよ
うに眠った）

などと使われます。


「二足の草鞋を履く」と wear two hats

1 人の人が両立しないような 2 つの職業・任務を兼ね
ることを、日本語では「二足の草鞋を履く」と言います。
英語では wear two hats（2 つの帽子を被る）です。日
本語では「履物」を使って比喩的に表す内容を、英語で

は「帽子」を使って表現します。つまり、「一人二役を行う、同時に2つの仕事をこなす」という意味が、「二足の草鞋を履く」「2つの帽子をかぶる」という熟語で表現されているのです。類句には、wear more than one hat もあります。wear two hats は、

My aunt wears two hats, mother and magazine editor.

（叔母は母親と雑誌編集者という二足の草鞋を履いてるの）

のように使われます。


「二の足を踏む」と have second thoughts

すぐに判断できず迷うことを「二の足を踏む」と言います。これに相当する英語には、hesitate（躊躇する）とか hang back（ひるむ）、think twice（慎重にやる）がありますが、いずれも今イチで、ピンときません。have second thoughts（〜のことを考え直す）がピッタリです。たとえば、

My daughter is having second thoughts about going to the drinking party tonight.

（娘は、今夜、飲み会に行くことに二の足を踏んでいる）

などと使われます。

「猫の目のように変わる」と change like a chameleon's color

　英語の直訳は（カメレオンの色のように変わる）です。この表現は、「カメレオン」が環境に応じて体色を変化させることから生まれた表現です。情勢に応じて意見を変える人の喩えとして用いられます。日本語で「猫」が、英語で「カメレオン」が使われるのは面白いです。たとえば、

　　His idea changes like a chameleon's color.

　（彼の考えは猫の目のように変わるんだよ）

などと使われます。


「ネズミ算式に殖える」と multiply like rabbits

　物事の量が急激に殖えることの喩えとして、日本語では「ネズミ算式に殖える」と言います。英語では multiply like rabbits（ウサギのように殖える）です。この表現は、rabbit（飼いウサギ）に「多産」のイメージがあることから生まれたものです。「多産」のイメージが、日本では「ネズミ」、英語圏では「飼いウサギ」なのも面白いです。たとえば、

　A: He says that the homeless are multiplying like rabbits in that country.

（彼によると、あの国ではホームレスの人がネズミ算
式に殖えているそうだよ）

B: Is that right?  I didn't know.

（ほんと？　知らなかったわ）

などと使われます。「ネズミ算」には geometric progression という表現もあります。


## 「裸一貫から（始める）」と (start) from scratch

　日本語の「裸一貫から（始める）」は「何もないとこ
ろから（始める）」という意で、英語では (start) from
scratch と言います。この場合の scratch は競技などで
の「スタートライン、出発点」を意味します。つまり、
「（途中でなく）スタートラインから始める」ことで、比
喩的に広く「ゼロから（始める）」という意で使われま
す。たとえば、

My father was so poor, so he started from scratch.

（父はとても貧乏だったので、裸一貫から始めたんだ
よ）

などと使われます。


## 「場違いな気がする」と feel like a fish out of water

直訳は「水から出た魚のような気分だ」です。水から
上がってしまった魚は自由に動き回れず、いかにも哀れ
な存在であるという発想です。「勝手が違って落ち着か
ない」場合によく使われます。

　I quit my new club. I felt like a fish out of water there
　for some reason.

　（新しいクラブを辞めたよ。どうも僕には場違いの感
　じがしてね）

などと使われます。上の例からもわかるように、feel
like a fish out of water は、とくに本人の気持ちを表すと
きに用いられます。like が省略されることもあります。
たとえば、

　My brother came back to Japan after one week. It
　seems he was a fish out of water in Chicago.

　（兄は一週間で帰国したよ。シカゴは彼の肌に合わな
　かったようだよ）


「花も恥じらう 17 歳」と sweet sixteen

　日本語には「花も恥じらう 17 歳」という言い方があ
ります。英語では sweet sixteen（可愛い 16 歳）と言い
ます。日本語と英語で 1 歳のずれがあるのは面白いです。
ひょっとすると、英語圏の人々のほうが「早熟」なので

しょうか。たとえば、

　　Misae is sweet sixteen.

　　（美佐江は花も恥じらう 17 歳だね）

などと使われます。翻訳の難しいところです。


　「人の噂も七十五日」と A wonder lasts but nine days.

　　世間で噂になることも、一時的で、いつまでも続かず、時が経つにつれて自然に忘れられる、という意です。英語の直訳は「不思議なことも 9 日間だけ」（Nine days' wonder. と言うこともある）です。英語圏の方が噂はすぐ忘れ去られるのでしょうか？　数字の「9」は、日本では嫌われますが、英語ではよく使われます。英語の「9」は「多く（の）」という意で使われることが多いのです。たとえば、A cat has nine lives.「猫に九生あり」など）。この類句には、

　　A rumor will easily be forgotten.

　　（噂はすぐに忘れられる）

があります。


　「褌を締める」と roll up one's sleeves

　　日本語では、「さらに気持ちを引き締めて事に当たる、仕事に取りかかる準備をする」ことを「 褌 （ふんどし）を締めて取

374

りかかる」と言います。英語では、roll up one's sleeves（袖をまくる）です。この後によく、and get to work が続きます。日本語と英語で、「褌」と「袖」が比喩として使われるのも面白いです。この表現は、「物事を精力的に行う時のしぐさ」としても使われます。tighten one's belt（ベルトを締める）と言っても同じ意です。たとえば、

　A: Do you have the time?

　（いま何時だい？）

　B: It's one already.

　（もう1時です）

　A: Let's roll up our sleeves and get to work.

　（じゃあ、褌を締めて、仕事に取りかかろうよ）

などと使われます。


## 「ほら話」と fish story

　洋の東西を問わず、太公望（釣り好きな人）は釣り逃した魚の大きさを誇張するようです。そのことを、英語では fish story（魚の話）と言います。つまり、釣り人の「釣り自慢」は、「ほら話、誇張した話、まゆつばもの」という意になります。たとえば、手で大きさを示しながら、

A: When I was a child, I used to catch fish this big.

（子どものころは、こんな大きな魚を釣ったものだよ）

B: Come on. Stop telling me your fish stories.

（おいおい、お前、ほら話は止めろよ）

などと使われます。


「本末転倒」と put the cart before the horse

　英語の直訳は「荷車 (cart) を引っ張る馬の前に荷車を置く」ですから、文字どおり「本末転倒」です。古くから使われている英語の決まり文句の１つです。たとえば、

Wait a moment. You're putting the cart before the horse, aren't you?

（ちょっと待てよ。それは本末転倒じゃないか？）

などと使われます。


「誰かが噂をしている」と one's ears are burning

　日本ではクシャミをすると、誰かが噂をしていると言いますが、これに相当する英語は、one's ears are burning（耳が燃えている）です。誰かが噂をすると、その人の耳がほてると言われることから生まれた表現です。

Oh, my ears are burning.

（あら、誰か私のこと噂してるわ）

などと使われます。ちなみに、病気になったり虫に刺されたりして「耳がほてる、耳が熱をもつ」は、My ears are hot. とか My ears feel hot. と表現します。

「迎え酒」と the hair of the dog (that bit one)
　飲み過ぎた翌日は、「迎え酒」が効果的のようです。経験のある方もいらっしゃることと思います。では、「迎え酒」は英語で何と言うのでしょうか？　英語には、the hair of the dog (that bit one)「（〜を噛んだ）犬の毛」という表現があります。噛みつかれた狂犬の毛でその傷が治るという俗説から、「迎え酒」を意味するようになったものです。これは、日本語の「毒をもって毒を制す」に近い表現です。「迎え酒」はほんの少し (hair) が効果的で、飲み過ぎは逆効果になります。念のため。
　Got a hangover?  Here, have a hair of the dog.
　（二日酔い？　ほら、迎え酒をやるといいぞ）
などと使われます。


「目が卑しい」と one's eyes are bigger than one's belly
　筆者も時々、家族、友人やかつての教え子たちと、ランチ・バイキング（これは和製英語で、正しくは buffet

lunch ないし all-you-can-eat lunch と言います）に出かけ
ます。食べきれないほどの量の食べ物を取ったり、食べ
過ぎたりと、行く度に反省しています。読者の中にも筆
者と同じ経験をされた方もいらっしゃるのではないでし
ょうか？

「食べきれないほど欲張る」ことを、英語では one's
eyes are bigger than one's belly（目は腹よりも大きい、
目は胃袋よりも大きい）→「目が卑しい」と言います。
ビュッフェやバイキングで、「最初に目で見て食べたい
と思うほど実際には食べられない」という意です。お腹
より大きな目ですから、目が卑しいということになりま
す。belly の代わりに stomach を使っても同じ意です。
こういう状況で、「あら、取りすぎちゃったわ」は、

　　Oh, my eyes are too big.
と表現します。


「目から火が出る」と see stars

　頭を殴られたり、どこかに頭をぶつけたり、あるいは
転んで頭を打ったりすると、日本人にも星形のものが見
えます。日本人はこのことを「目から火が出る」と言い
ますが、英米人は見えたとおりに see stars（星 ［形の
もの］が見える）と表現します。確かに、「火」よりも

378

「星」の方が的を射た表現のようです。たとえば、「棚に頭をぶつけて、目から火が出たよ」は、

　　When I hit my head against the shelf, I saw stars.
と表現します。


## 「焼け石に水」と only a drop in the bucket

　英語の直訳は（バケツの中の一滴にすぎない）です。文字どおり、バケツに一滴の水を入れたくらいでは何の役にも立ちませんから、日本語の「焼け石に水」にピッタリですね。この表現は、比喩として、「大勢には影響を与えない」という意で使われます。the bucket の代わりに the ocean を用いることもあります。次のように使われます。

　　This much support is only a drop in the bucket for the
　　natural disaster, but it may be better than nothing.
　（この程度の支援ではその大震災には焼け石に水ですが、何もしないよりはましでしょう）


## 「要点をつく」と hit the bull's eye

　bull's eye は「的の中心点」のことで、hit the bull's eye は「的の中心に的中する」という意です。比喩では「要点をつく、図星を指す」という意で使われます。ま

た、hit the nail on the head「（カナヅチなどで）くぎの
頭を打つ」も同じ意です。また、right on the head と
right をつけて、強調することもよくあります。たとえば、

The new mayor's remarks hit the nail right on the
head.

（新市長の言葉はまさに要点をついていた）
などと使われます。


「路頭に迷う」と end up in the streets

経済的に困窮して生活が行き詰まり、途方に暮れるこ
とです。英語では end up in the streets「路上で終わる、
路上に投げ出される」と表現します。日本語で「路頭」、
英語で the streets が使われるのは類似していますね。
たとえば、

By the sudden bankruptcy of the company, all of the
employees ended up in the streets.

（その会社の突然の倒産で、社員全員が路頭に迷った）
などと使われます。


「割り勘にする」と split the bill

「割り勘にする」に相当する英語は、split the bill です。
bill は「勘定書」で、split は「分ける」という意です。

「割り勘にする」には go Dutch という表現もありますが、この表現、オランダ人には差別的に響くため、今日では避けられる傾向にあります。

　また、レジ係に各人が均等に負担することを伝える場合は、

　We split the bill［check］.

　（均等割で払います）

と言います。均等割でなく、飲み食いした分を各自で支払う場合は、

　Let's have separate checks.

と言う必要があります。たとえば、

　A: Let's split the check!

　（割り勘にしようよ）

　B: Oh, no. Let me pay for you today.

　（いいや。今日は、僕がおごるよ）

などと使われます。

本書は、文庫書き下ろしです。

# 日本人が知らない 英語のニュアンス

牧野高吉

令和3年 4月25日 初版発行

発行者●青柳昌行

発行●株式会社KADOKAWA
〒102-8177 東京都千代田区富士見2-13-3
電話 0570-002-301（ナビダイヤル）

角川文庫 22612

印刷所●株式会社暁印刷
製本所●株式会社ビルディング・ブックセンター

表紙画●和田三造

●お問い合わせ
https://www.kadokawa.co.jp/ （「お問い合わせ」へお進みください）
※内容によっては、お答えできない場合があります。
※サポートは日本国内のみとさせていただきます。
※Japanese text only

## 角川文庫発刊に際して

第二次世界大戦の敗北は、軍事力の敗北であった以上に、私たちの若い文化力の敗退であった。私たちの文化が戦争に対して如何に無力であり、単なるあだ花に過ぎなかったかを、私たちは身を以て体験し痛感した。西洋近代文化の摂取にとって、明治以後八十年の歳月は決して短かすぎたとは言えない。にもかかわらず、近代文化の伝統を確立し、自由な批判と柔軟な良識に富む文化層として自らを形成することに私たちは失敗して来た。そしてこれは、各層への文化の普及滲透を任務とする出版人の責任でもあった。

一九四五年以来、私たちは再び振出しに戻り、第一歩から踏み出すことを余儀なくされた。これは大きな不幸ではあるが、反面、これまでの混沌・未熟・歪曲の中にあった我が国の文化に秩序と確たる基礎を齎らすためには絶好の機会でもある。角川書店は、このような祖国の文化的危機にあたり、微力をも顧みず再建の礎石たるべき抱負と決意とをもって出発したが、ここに創立以来の念願を果すべく角川文庫を発刊する。これまで刊行されたあらゆる全集叢書文庫類の長所と短所とを検討し、古今東西の不朽の典籍を、良心的編集のもとに、廉価に、そして書架にふさわしい美本として、多くのひとびとに提供しようとする。しかし私たちは徒らに百科全書的な知識のジレッタントを作ることを目的とせず、あくまで祖国の文化に秩序と再建への道を示し、この文庫を角川書店の栄ある事業として、今後永久に継続発展せしめ、学芸と教養との殿堂として大成せんことを期したい。多くの読書子の愛情ある忠言と支持とによって、この希望と抱負とを完遂せしめられんことを願う。

一九四九年五月三日

角川源義